Joseph Hergenröther

Neue Studien über die Trennung der morgenländischen

und der abendländischen Kirche

Joseph Hergenröther

Neue Studien über die Trennung der morgenländischen
und der abendländischen Kirche

ISBN/EAN: 9783743601888

Hergestellt in Europa, USA, Kanada, Australien, Japan

Cover: Foto ©ninafisch / pixelio.de

Manufactured and distributed by brebook publishing software
(www.brebook.com)

Joseph Hergenröther

Neue Studien über die Trennung der morgenländischen

Neue Studien

über die

Trennung der morgenländischen und der abendländischen Kirche.

~~~~~~

Eine Kritik

von

Dr. Pichler's neuestem Geschichtswerk

von

Prof. Dr. Hergenröther.

Separatabdruck aus dem „Chilianeum" Bd. V. S. 8 ff.

Würzburg.
Druck und Verlag der Stahel'schen Buch- und Kunsthandlung.
1864.

Neue Studien über die Trennung der morgenländischen und der abendländischen Kirche. [1]

I.

Bei dem lebendigen Interesse, das in unseren Tagen wiederum der Gedanke der Union zwischen der abendländischen und morgenländischen Kirche erregt, ist ein wissenschaftliches Werk, das strenge nach den Quellen die Geschichte der Trennung der beiden großen Hälften der ursprünglich Einen Kirche darstellt, an sich zu den erfreulichsten Erscheinungen zu zählen. Es hat nun Hr. Dr. A. Pichler in München den ersten Band seiner schon früher, aber unter einem andern Titel („die griechische Kirche und das Papstthum") verheißenen [2] Arbeit, der die byzantinische Kirche behandelt, der Oeffentlichkeit übergeben und darin mit großer Belesenheit, namentlich in der neueren griechischen Literatur, eine neue Betrachtungsweise des beklagenswerthen Schisma zu begründen versucht, die vielfach von der bisher im Occident herrschenden abweicht. Er will die griechische Kirchentrennung im Zusammenhange mit der Entwicklung des Papstthums, seiner Rechte, der darüber zur Geltung gekommenen Doktrinen sowie der europäischen Staatenverhältnisse betrachten; er will den Nachweis liefern, daß auch der

---

[1] Geschichte der kirchlichen Trennung zwischen dem Orient und Occident von den ersten Anfängen bis zur jüngsten Gegenwart. Von Dr. A. Pichler, Privatdocent der Theologie an der Universität München. I. Band: Byzantinische Kirche. München. M. Rieger'sche Universitätsbuchhandlung. 1864. S. XXII. 558.

[2] Die orientalische Kirchenfrage nach ihrem gegenwärtigen Stande. Von Dr. Aloysius Pichler. München 1862. Verlag der Lentner'schen Buchhandlung. S. 46.

1*

Occident von einem guten Theile der Schuld an dem Ursprunge und der Fortdauer dieser Trennung nicht freizusprechen sei (S. V).

Wir können diesem Gedanken seine Berechtigung nicht absprechen. Es ist nicht zu verkennen, daß die gewöhnlichen Darstellungen der griechischen Kirchenspaltung vielfach einseitig sind, insoferne man eben Alles auf die Griechen wälzen, nichts den Lateinern beimessen wollte, insoferne man öfter auch die Gewaltthaten übersieht, wie sie z. B. von den Kreuzfahrern nicht selten gegen die Griechen verübt wurden, woraus ein furchtbarer Haß beider Theile hervorging; wir müssen zugestehen, daß sich beide Theile vielfach versündigt, beide, wenn auch nicht in gleichem Maße, die Wiederherstellung der gestörten Union zwar nicht unmöglich gemacht, aber doch unendlich erschwert haben. Nun kann man in der Ausführung leicht zu weit gehen, es kann die Unparteilichkeit, welche die Wahrheit höher anzuschlagen bemüht ist als die eigenen Stammesgenossen, auch zur Ungerechtigkeit gegen die letzteren werden. Es können durch vorgefaßte Meinungen neue Einseitigkeiten an die Stelle der alten treten, und wenn man nicht die Personen und die Sache, die Kirchenglieder und die Kirche, die That der Einzelnen und die Principien, denen jene zu folgen hätten, gebührend auseinanderhält, Folgerungen aller Art sich ergeben, die doch der inneren Wahrheit und Objektivität entbehren. Wer es versucht, den bisher von vielen Gelehrten untersuchten und ziemlich gleichmäßig befundenen Thatbestand umzugestalten, ein von vielen competenten Richtern bestätigtes Urtheil zu reformiren, der muß mit der äußersten Umsicht, mit der gewissenhaftesten Prüfung aller Data im Einzelnen und im Ganzen in Bezug auf Fakta und Rechtssätze sein Verfahren gestalten. Ob es nun Hrn. Dr. Pichler gelungen ist, allseitig beiden Theilen gegenüber gerecht und wahrheitsgemäß die Geschichte der kirchlichen Trennung zwischen Orient und Occident zu behandeln und alle Klippen glücklich zu vermeiden, das ist in Ansehung der hohen Wichtigkeit des Gegenstandes einer genaueren Untersuchung werth, als sie in einem gewöhnlichen Referate über ein neu erschienenes Buch geliefert werden kann. Das und unsere eigene mehrjährige Beschäftigung mit diesem Gegenstande mag es rechtfertigen, daß wir unser Urtheil über Pichler's Buch in Gestalt einer besonderen Abhandlung veröffentlichen, wobei uns auch Gelegenheit geboten wird, viele interessante Fragen zu besprechen.

Vorerst soll die Uebersicht des Inhalts dieses Buches hier eine Stelle finden. Nachdem die Einleitung (S. 1—32) die Wichtigkeit der orientalischen Frage hervorgehoben, die verschiedenen Richtungen in deren Behandlung charakterisirt, Urtheile verschiedener Autoren aller Confessionen gesam melt und am Schlusse uns versichert hat, daß das Papstthum dermalen, und insbesondere seit dem Concil von Florenz, als das einzig wahre Hinderniß der Union von den Disunirten betrachtet werde, während früher die Lehre vom Ausgange des heiligen Geistes dafür galt, die man sowohl als in sich falsch wie auch als verbotenen und verwerflichen Zusatz bestritt, wird in den zwei ersten Abschnitten das Verhältniß der griechischen Kirche einerseits zu den Kaisern, andrerseits zu dem Papstthum von Constantin dem Großen bis zu Basilius dem Macedonier und Photius (S. 33—146) dargestellt. Das Papstthum bis zu Leo IX., das Verhältniß der byzantinischen Kirche zu ihm und zu der Staatsgewalt in der Zeit von Photius bis zu Cärularius bilden den dritten Abschnitt (S. 146—220), die Entwicklung des Papstthums von Leo IX. bis zu Leo X. den vierten (S. 220—255). Sodann wird uns in allgemeinen Umrissen die Fortentwicklung der Trennung beider Kirchen von 1054—1204 (S. 255—316), dann der Gang der Unionsverhandlungen von 1204—1453 (S. 316—403) geschildert. Wiederum liefert der siebente Abschnitt eine Darstellung des Verhältnisses der byzantinischen Kaiser zur Kirche in diesen beiden Perioden, also von Cärularius bis zum Untergang des Reiches (S. 404—420), der achte sodann ebenso eine Darstellung des Verhältnisses der byzantinischen Kirche zur türkischen Pforte bis herab in die Neuzeit (S. 420—457). Die Anschauungen der späteren Byzantiner über die höchste kirchliche Autorität bespricht der neunte Abschnitt (S. 457—497), der zehnte und letzte aber die Beziehungen des Occidents und der Christen der europäischen Türkei seit 1453 (S. 497—522). Schon aus dieser Uebersicht ergibt sich, daß der Titel: „Die griechische Kirche und das Papstthum" wohl besser beibehalten worden wäre; denn eine „Geschichte der kirchlichen Trennung zwischen dem Orient und dem Occident von den ersten Anfängen bis zur jüngsten Gegenwart" verlangt nicht blos die Schilderung der Entwicklung des Staatsdespotismus in Kirchensachen und der steigenden Gewalt der Päpste — das sind die beiden Hauptmomente, die der Verfasser in das Auge gefaßt hat — sondern auch ein tieferes Eingehen auf die innere Culturgeschichte beider Theile, auf ihren verschiedenen Entwicklungsgang, auf die Unterschiede des griechischen und lateinischen Kirchen-, Mönchs- und Volksthums, auf die divergirende Rechtsentwicklung beider Theile, auf die Ausgestaltung ihrer Theologie und ihrer Studien. Von nicht geringerem Einflusse als die heutzutage so sehr in dieser Frage hervortretende Politik ist auch jetzt noch die Theologie, die von Photius bestimmte, zähe festgehaltene Principien erhielt, die, wie eine Masse noch in Handschriften ohne entsprechende Benützung vorhandener Schriften zeigt, in eigenthümlicher Weise mit bloß mechanischem Anschluß an die alten Väter betrieben ward, die in dem noch nicht hinlänglich gewürdigten Palamitismus [3]) neue Hebel der Trennung schuf. Eine vollständige Geschichte dieser Trennung wird übrigens nur nach vielen Vorarbeiten und noch genauerer Benützung des in Venedig, Paris, Rom, Wien und auch in München noch sehr reichhaltig vorfindlichen ungedruckten Materials zu verfassen sein. Indessen können wir das hier Gebotene als einen reichhaltigen Beitrag zur Lösung der Aufgabe immerhin willkommen heißen, auch wenn wir vielfach die Anschauungen des Verfassers nicht theilen.

Aber schon beim ersten Anblick könnte vielen Lesern Pichler's Arbeit an sich das Gepräge eines darauf zielenden Strebens zu tragen scheinen, alle Data und Ereignisse in einem möglichst günstigen Lichte für die Griechen, in einem möglichst ungünstigen für die Lateiner, und insbesondere für die Päpste darzustellen und zu gruppiren. Auf andere Weise — so könnte man sagen — sind kaum Stellen wie die folgenden zu erklären. S. 320 führt unser Autor die Worte des Patriarchen Germanus II. in einem Briefe an die Cyprier von 1223 an, wo gesagt ist, dieselben möchten in Bezug auf die von ihnen verlangte Anerkennung der päpstlichen Rechte bezüglich der Confirmation der Bischöfe und der Annahme der Appellationen eingehen, da hierin kein Verstoß gegen die Canonen liege und es den Lateinern hiebei offenbar nur um schmutzigen Gewinn (!) zu thun sei; es heißt dann mit den Worten des Germanus weiter: „Vielleicht, meint er, werden sie, wenn sie die Hände mit Geld angefüllt haben, von der Forderung des Handgelübdes abgehen, so daß, während die Hände der Lateiner das Gewicht des Geldes zu Boden drückt, die Griechen dagegen ihre heiligen Hände zu Gott erheben und in Demuth das göttliche Opfer darbringen können." Wir wollen nicht das Geringste dagegen einwenden, wenn Dr. Pichler in diesen frommen Worten eine hohe sittliche Kraft und Würde geoffenbart findet; aber wenn er darauf ganz allgemein sagt: „Dieser ächt kirchliche Zug der Verachtung alles Irdischen ist der Griechischen Kirche als wesentliche Auszeichnung vor der lateinischen Kirche geblieben," so verstehen wir nicht, wie das mit der allgemein zugestandenen Thatsache harmonirt, daß die Simonie schon im sechsten Jahrhundert „ein Hauptübel der Griechischen Kirche" war (S. 81. § 74), es fortwährend blieb (S. 410. § 8. 9) und noch gegenwärtig ist (S. 425. § 8). Oder soll die Simonie aus „Verachtung alles Irdischen" hervorgegangen sein? Oder hat die Vorliebe für die Griechen, wie ja die Liebe blind macht, zu diesem etwas kühnen allgemeinen Satze unseren Autor fortgerissen und

---

[3]) Eine Geschichte des Palamitismus hat auf meine Anregung ein jüngerer Gelehrter im Bisthum Würzburg, bereits Doktor der Theologie, zu schreiben unternommen.

die Simonie plötzlich in ihr Gegentheil verkehrt? Die griechische Kirche, die den „scheinheiligen" (S. 70) Marcian gleich dem von Arianern getauften, verbrecherischen Constantin (S. 71), den in der Häresie verstorbenen Justinian (S. 80), die mit Verbrechen beladene Irene, die „Rabenmutter Constantins VI." (S. 94. 95) unter ihre Heiligen versetzte, deren Clerus sich nicht nur im Bilderstreite (S. 102), sondern auch bei so vielen anderen Anlässen charakterlos erwies, seit dem fünften Jahrhundert immer mehr in Servilismus versank (S. 72) und unter den sichtbaren Zeichen des Verfalls seinem Volke noch die ewige Dauer seines Kaiserreichs vorpredigte (S. 277. 278) — diese griechische Kirche wird doch zu einem Ideal gestaltet, von dem die Wirklichkeit nur allzusehr entfernt ist, und der mit Recht von N e a n d e r [4] hervorgehobene „Mangel des Wahrheitssinns, der Geist der Unwahrheit, der dem ganzen Leben der Byzantiner sein Gepräge mitgetheilt hatte, in den Uebertreibungen und dem Schwulste der gewöhnlichen Redeweise sich zu erkennen gab," wird hier wie in vielen anderen Fällen ganz außer Acht gelassen. Sehr hart und unbillig werden dagegen nicht wenige Päpste beurtheilt. So wird es den Päpsten in den ersten Decennien des zehnten Jahrhunderts sehr übel genommen, daß sie den Patriarchen Nikolaus Mystikus in seinem Kampfe gegen Leo VI., anstatt ihn zu unterstützen, vielmehr im Stiche ließen (S. 204 § 31). Allein der sonst treffliche Patriarch sah das in der byzantischen Praxis festgestellte, auf mißdeutete Schrifttexte, mehrere Stellen der Väter und insbesondere die Canones des Basilius gestützte Verbot der vierten Ehe als ein durch das jus divinum bestehendes an, von dem keine Dispensation ertheilt werden könne. Von dem Kaiser befragt, konnte der römische Stuhl gar nichts Anderes antworten, als daß das nicht der Fall sei; es handelte sich nicht blos um griechische und lateinische Praxis, sondern um viel mehr; kein Beichtvater, kein Priester, kein Bischof darf nach den Grundsätzen der Moral etwas als jure divino geboten oder verboten bezeichnen, was es nicht sicher ist; ging Rom auf die Anschauung des Nikolaus I. ein, so verdammte es nothwendig die eigene Ueberlieferung und handelte gegen alle Grundsätze des Rechts und der Moral; wo es sich um göttliches Gesetz handelt, da ist zweierlei Praxis nicht gleichmäßig zulässig. Wir besitzen von der römischen Kirche kein Dokument über diesen Streit; wir können aber aus den Briefen des Nikolaus selbst [5] recht gut den Standpunkt der Päpste erklären. Außerdem werden die unwürdigen Patriarchen von Byzanz weit weniger an den Pranger gestellt als die un-

---

[4] Neander KG. II. S. 291. 292. III. Aufl.

[5] Die von Mai im Spicil. Rom. edirten Briefe scheint Dr. Pichler nicht gekannt zu haben, er citirt nur nach den Texten von Baronius und Mansi.

würdigen Päpste. S. 25 N. 3 sagte der Verfasser: „Die traurige Wahrheit, daß der römische Stuhl in der Periode von Photius bis zu Cärularius
von so vielen unwürdigen Päpsten besetzt war, hat allerdings die Ausbil-
dung des Schisma mächtig begünstigt," und S. 204. § 31 hebt er hervor, daß Rom in dieser Periode 46 Päpste [6]) hatte, Constantinopel nur 16
Patriarchen, daß unter den ersteren die a l l e r m e i s t e n nichtswürdig, unter
den letzteren, mit Ausnahme des e i n z i g e n Theophylakt, s ä m m t l i c h e
durch Tugend und Charakter ausgezeichnete Männer waren. Allerdings
finden wir im zehnten und im Anfange des eilften Jahrhunderts eine tiefe
Entwürdigung des päpstlichen Stuhles, weniger durch Hingabe an die weltlichen Parteien (S. 165), als durch die Usurpation und Tyrannei derselben
verursacht; allein wenn wir in Anschlag bringen, daß von Marinus I.,
Hadrian III., Theodor II., Johann IX., Benedikt IV. nichts Strafwürdiges
erwiesen werden kann, daß ferner nicht wenige der folgenden Päpste, wie
z. B. Sergius III.[7]) und Johann X.,[8]) gegen Luitprands Lästerungen bereits vielfach gerechtfertigt worden sind, daß Gregor VI., wenn auch von
unrichtigen Voraussetzungen und falschen Grundsätzen ausgehend, wenn
auch durch Simonie erhoben, doch ein ehrenwerther Charakter war, da der
Irrthum der Erkenntniß bei der bona fides dem Herzen nicht zur Last
fällt, daß Johann XIV. keinem gerechten Tadel unterliegt; wenn wir die
Unbescholtenheit von Leo VII., Martinus II. und Agapet II., die Tugenden eines Gregor V.,[9]) die Gelehrsamkeit und Gewandtheit eines Sylvester
II., das würdige Pontifikat Benedikts VIII., wie die von Clemens II. und
Damasus II. erwägen, welche letztere, so kurz ihre Pontifikate waren, doch
auch mitgezählt werden müssen, dazu noch die großartige reformatorische
Thätigkeit Leo's IX.,[10]) so können wir trotz eines Stephan VI. (oder VII.)
trotz eines Johann XII., des occidentalischen Theophylaktus, trotz eines Benedikt IX., einer schmählichen Copie von beiden, doch nicht sagen, daß die
a l l e r m e i s t e n Päpste dieser Zeit geradezu n i c h t s w ü r d i g waren.
Betrachten wir die byzantinischen Patriarchen in der gleichen Zeit und sehen
wir ganz davon ab, daß die Byzantiner weit eher geneigt waren, Panegyri-

---

6) Soviel können wir nicht zählen, selbst wenn nicht blos die intrusi, wie Christo-
phorus, sondern auch der nach Giesebrechts Untersuchungen ganz fabelhafte Domnus II.
(vgl. Hefele Conc. IV. 603) eingerechnet werden.

7) Vgl. Hefele Conc. IV. S. 550—552.

8) Das. S. 553. 554.

9) Hefele Conc. IV. S. 618.

10) Vgl. Höfler Deutsche Päpste II. S. 3—214. Will, Restauration der Kirche im
11. Jahrh. I. S. 20. ff.

ker ihrer Oberhirten zu werden, als es je die Lateiner geworden sind, so finden wir von dem vielgepriesenen Patriarchen Polyenktus, diesem „zweiten Chrysostomus" (S. 211), nicht nur das bezeugt, daß er, obschon vom Meineide des Priesters Stylian überzeugt, doch dem früher ausgeschlossenen Kaiser Nikephorus Phokas die Kirchengemeinschaft gestattete, die er durch einen früheren Beschluß ihm verweigert (S. 217. § 8), sondern auch, daß er zu Gunsten des Mörders dieses Nikephorus, des Johannes Tzimisces, [11]) eine förmliche Entscheidung erließ, worin er die Salbung zum Kaiser mit der Taufe auf eine Linie stellte und jene ebenso ex opere operato wirken ließ, so daß sie alle vor der Krönung von dem Kaiser begangenen Sünden getilgt haben sollte [12]) — ein Dekret, das auch nicht der nichtswürdigste der römischen Päpste in dieser Weise je erlassen hat. Dem 974 erhobenen Anton III. wollen wir keinen Vorwurf daraus machen, daß er den Stuhl des gewaltsam vertriebenen Basilius einnahm; denn die Meinung, man dürfe die Stelle eines lebenden, aber von der weltlichen Gewalt vertriebenen Bischofs zum Besten der verwaisten Herde ohne weiteres annehmen, durch unzählige Beispiele im Orient bereits befestigt, [13]) konnte ihn wohl dazu verleiten; es war aber traurig genug, daß das kirchliche Rechtsbewußtsein in solchem Maße schon seit Jahrhunderten geschwunden war. Bei anderen übrigens, wie bei dem an die Stelle des Nikolaus gesetzten Euthymius, den man als Ehebrecher und Eindringling schimpflich, mißhandelte; obschon auch er später den Heiligen beigezählt ward, ließ man keinen der üblichen Entschuldigungsgründe gelten und nahm ihn erst spät wieder in die Diptychen auf. [14]) Den Photius selbst wird Niemand rechtfertigen wollen und ganz richtig sagt Pichler (S. 103): „Solange die griechische Kirche das Andenken des Photius als ersten Befreiers vom Joche des Papstthums hochhält, ist noch nicht auch nur der erste Schritt zur Selbsterkenntniß gethan." Der Patriarch Alexius (1025—1043) genehmigte nicht nur 1028 die Ehe des Romanus II. mit Zoe, obschon des Ersteren Frau noch lebte, sondern ließ sich auch 1034 bewegen, nachdem er 50 Pfund Gold erhalten, sofort nach vollbrachtem Gattenmorde die Zoe mit ihrem Buhlen Michael IV. zu trauen (S. 219 § 12). Der habsüchtige Patriarch Alexius hinterließ ein bedeutendes Vermögen, das Constantin Monomachus einziehen ließ

---

[11]) Daß der neue Kaiser sonst dem Patriarchen willfährig war, wird S. 217. § 9. kurz angeführt.

[12]) Balsamon in c. 12. Ancyr. Bever. Synod. I. 385.

[13]) Vgl. Tillemont Mem. t. XVI. Acace Art. 47, p. 371. Cuper Acta SS. t. I. Aug. p. 47 seq.

[14]) Theoph. Cont. p. 378. ed. Bonn. Baron. a. 911 n. 18. 19. Cuper l. c. p. 115.

(daſ. § 13). So wenig als den Charakter des Alexius können wir die Tugenden des hochfahrenden Cärularius bewundern und keinesfalls zugeben, daß mit einziger Ausnahme des Theophylaktus „ſämmtliche Patriarchen der fraglichen Periode durch Tugend und Charakter ausgezeichnete Männer waren."

Indessen der Verfasser verkennt nicht, daß nachher der Stuhl von Constantinopel allmälig von seiner früheren Größe herabsank, ganz in die Knechtschaft der Kaiser fiel und die griechiſche Kirche im ſchreiendſten Widerspruche mit ihrer geſammten Tradition diesen Zustand der Unterwürfigkeit und Knechtschaft als den normalen und gesetzmäßigen erklärte. Er sagt weiter (S. 413. 414. § 14): „Aus dieser Sklaverei iſt die orientalische Kirche nie mehr erstanden, weil ihr die hiezu allein befähigte göttliche Kraft des Papſtthums, des Gründers und Erhalters der kirchlichen Freiheit, fehlt; das Paſtthum aber wird ſtets, wenn ſich auch im Einzelnen manches Menschliche in die Thätigkeit der menschlichen Träger desselben einschleicht, seiner göttlichen Beſtimmung und Garantie gemäß, der Beſchützer der kirchlichen Freiheit bleiben. Die Byzantinische Geschichte, kann man mit Gfrörer mit Recht sagen, iſt die beſte Rechtfertigung des Papſtthums." Ganz trefflich zeigt er an Beiſpielen der ſpäteren Zeit, wie die griechiſche Kirche die Verwerfung des Primates und die an deſſen Stelle gesetzte Theorie zu büßen hatte (S. 411. 412. § 11), ſtatt den Entscheidungen des Papſtes den Aussprüchen der türkischen Pforte ſich unterwerfen mußte (S. 457. § 45. S. 490. § 33). Auch den byzantinischen Cäſaropapismus, ſicher einen der mächtigsten Hebel der gro= ßen Spaltung, hat der Verfaſſer gut dargeſtellt. An ihm trägt weder der Occident überhaupt noch der päpstliche Stuhl insbesondere die Schuld; letz= terer hat ihn bekämpft, solange er es vermochte, und er hat in diesem Kampfe große Helden geliefert. „Die Päpste," sagt der Verfasser, „ſahen in dem Streit den Kampf um die kirchliche Freiheit und Selbstständigkeit. Und dieß iſt auch der einzig wahre Standpunkt und rechte Schlüſſel zum Verſtändniſſe des Griechiſchen Schisma's. Die Päpſte erkannten ihren Beruf, die Kirche den Feſſeln des heidnischen Staatsdespotismus zu entreißen und ihre freie, unabhängige und geiſtige Entwicklung zu leiten" (S. 32. § 29). „Der Biſchof von Rom baute langsam ſein Gebäude auf, im ſteten Gegenſatz zur Entwicklung der Grie= chischen Kirche, aber mit dieser gleichen Schritt haltend; jede Stufe abwärts zur Sclaverei im Orient baute eine Stufe aufwärts zur Freiheit im Occident, und der Zeitpunkt, wo die Griechiſche Kirche durch ihre eigene Schuld vol= lends zur Creatur des Staates geworden, trifft genau zusammen mit dem Moment der ausgebildeten kirchlichen Selbſtſtändigkeit der abendländiſchen

Kirche. Photius hat die erstere gänzlich um ihre Freiheit gebracht, Nikolaus I. hat ihm gegenüber den Tempel der christlichen Libertas aufgebaut"
(S. 49. 50. Vgl. S. 75. 77).

Um diese beiden Hauptpfeiler — den Primat des römischen Bischofs,
den die ältere griechische Kirche ganz unzweifelhaft anerkannte (S. 103 ff.),
und das Princip der kirchlichen Selbstständigkeit, das dieser Primat entschieden vertrat, der Orient früher mit ihm getheilt, aber später einbüßte, lehnt
sich die ganze historische Construktion Pichler's an, wenn auch unseres Erachtens nicht bei allen einzelnen Erörterungen in völlig genügender Weise
darauf eingegangen wird. Im Allgemeinen scheint uns auf viele Vorgänge
der älteren Zeit von entscheidender Bedeutung zu wenig Gewicht gelegt und
die spätere Zeit des Mittelalters allzu isolirt von ihnen behandelt worden
zu sein. Nicht Weniges scheint uns unvermittelt neben einander zu stehen,
nicht völlig in Harmonie zu sich gesetzt, und bei der Fülle des Materials
konnte da und dort außer Acht gelassen werden, was früher in unzweideuti-
ger Weise festgestellt worden war. Einige der wichtigsten Punkte, in denen
mein Urtheil von dem des Hrn. Dr. Pichler bedeutend abweicht, sollen der
Gegenstand der nachfolgenden Erörterungen sein.

II.

Wo es sich überhaupt um das größere oder geringere Maß der Schuld
von zwei streitenden Theilen handelt, da pflegt man mit Recht vor Allem
zu fragen: Wer hat z u e r s t den Streit provocirt, zuerst den Frieden gebro-
chen? Wer hat dem anderen Theil zuerst g e r e c h t e n Grund zur Klage
gegeben?

Nach allen griechischen und lateinischen Quellen müssen wir hier antworten: D i e G r i e c h e n. Unumstößlich sprechen hier die Thatsachen.

1) Photius hat zuerst die Lateiner H ä r e t i k e r genannt (S. 187),
nicht etwa erst Balsamon oder Michael Anchialus (vgl. S. 293. N. 2);
seitdem gab es sehr viele Griechen, welche die Lateiner ebenso bezeichneten,
während die Lateiner noch lange nicht daran dachten, die Griechen Ketzer zu
nennen; das geschah überhaupt seltener und regelmäßig nannte man sie in
officiellen Aktenstücken, wie z. B. auch Innocenz III. (S. 309. N. 7), nur
S c h i s m a t i k e r.

2) Längst vor dem neunten Jahrhundert hatten die Griechen den Lateinern Stoff zu gerechten Klagen gegeben, ehe diese ihnen die geringste
Unbill zugefügt. Dahin gehörten die Usurpationen der aus Suffragan-

bischöfen der Metropole Heraklea zu Obermetropoliten emporgeschraubten by=
zantinischen Bischöfe, [15]) die nicht nur die Privilegien von Alexandrien und
Antiochien verletzten, sondern auch die zum römischen Patriarchate gehörigen
illyrischen Provinzen an sich zu ziehen trachteten, die daraus hervorgegangenen
vielfachen Rechtsverletzungen, die Bedrückungen Italiens durch die Exarchen,
die Tyrannei der letzten ikonoklastischen Kaiser, die gewaltsame Losreißung
der illyrischen und süditalischen Kirchen vom römischen Patriarchate durch
Kaiser Leo III., die Occupation der Patrimonien der römischen Kirche und
die Verweigerung ihrer Restitution auch Seitens der orthodoxen Herrscher,
die Mißhandlungen der Päpste, wie namentlich Martins I., durch den by=
zantinischen Despotismus, die von dem trullanischen Concil ohne jegliche
äußere Veranlassung inaugurirte Reprobation der römischen Gebräuche.
Die religiöse Tyrannei, die man von Byzanz aus auch in Italien zu ver=
üben gesucht, ist freilich ein „altes Lied" wie die oftmalige Herrschaft der
Häresie in der östlichen Kaiserstadt; aber die mit irgend einem Schein von
Recht ausgestatteten Anklagen der Griechen sind sämmtlich j ü n g e r e n
Datums, wenn man nicht etwa die Eifersucht der Griechen wegen der na=
mentlich in den Glaubenskämpfen bewährten geistigen Superiorität Roms
und wegen des Widerstands gegen die hierarchischen Vergrößerungsgelüste
des Stuhles von Neurom, sowie wegen des durchaus von den Griechen selbst
verschuldeten Verlustes der Herrschaft in Italien hieher beziehen will.

3) Auch die ersten Gewaltakte gingen unbestreitbar von Byzanz aus.
Abgesehen von den eben erwähnten byzantinischen Vergewaltigungen in
Italien findet sich in der Geschichte des Nebeneinanderbestehens beider Riten
mehr als ein Zeugniß dafür. Bis zu Leo IX. war der griechische Ritus
in Italien nicht angefochten; aber schon im zehnten Jahrhundert verbot
Nicephorus Phokas in den von Rom gewaltsam losgerissenen süditalischen
Provinzen förmlich den lateinischen Ritus (S. 172. § 26). Cärularius
befahl, alle Kirchen der Lateiner in Byzanz zu schließen, den lateinischen
Aebten ihre Klöster wegzunehmen, und das ward mit solcher Rohheit aus=
geführt, daß der Sakellarios Constantin sogar die konsekrirte Hostie der La=
teiner mit Füßen trat. [16]) Von dieser fanatischen Verfolgungswuth der

---

[15]) Wie sehr der römische Stuhl Recht hatte, sich den Canonen 3 von Constanti=
nopel, 28 von Chalcedon und 36 vom Trullanum zu widersetzen, beweisen die in späteren
Zeiten aus diesen Canonen von den Byzantinern gezogenen Folgerungen sehr gut. Vgl.
Nektarius von Jerusalem (bei Pichler S. 478. 480), Helias Meniates (das. S. 484),
wie vorher Nilus (S. 372), Michael Anchialus (S. 271), Anna Comnena (S. 262)
u. A. m.

[16]) Mansi Conc. t. XIX p. 679. Vgl. Hefele Concil. IV. S. 727.

Byzantiner, die wohl den ersten Anstoß zu den späteren, an sich nicht zu rechtfertigenden Repressalien der Lateiner gegeben hat, schweigt unser Autor gänzlich; dagegen kann er nicht umhin (S. 258), den Cardinal Humbert, einen sonst um die Kirche hochverdienten Mann, dessen natürliche Derb=heit [17]) durch die sittliche Entrüstung des empörten religiösen Gefühls und durch die in den paar Wochen seines Aufenthalts in der Kaiserstadt am Bosporus gemachten Erfahrungen nothwendig gesteigert wurde, wegen seiner allerdings nicht höflichen Polemik [18]) gegen Niketas Stethatos einer wahrhaft „bübischen Gemeinheit" zu beschuldigen, während er den Patriarchen Cärularius bei dieser Gelegenheit blos „auch sein Müthchen abkühlen" läßt (S. 259). Ferner noch ehe ein Kreuzheer den Boden des byzantinischen Reiches überschritten, hatte Papst Viktor III. (1086) sich bitter bei Kaiser Alexius über Mißhandlungen der Jerusalem-Pilger und die ihnen auferlegte Steuer zu beklagen (S. 280) und noch war kein Grieche zur Annahme des lateinischen Ritus gezwungen worden, als Alexius Com-nenus mit Gewalt den Gebrauch der Azyma verbot und die in seinem Reiche wohnenden Abendländer zur Annahme des griechischen Ritus nöthigen wollte (S. 280. 281). Derselbe Alexius Comnenus erwies sich, nicht an das heilige Land, sondern nur an sich denkend (vgl. S. 281), den Kreuzfahrern gegenüber bei jedem Anlaß treulos [19]) und so war es kein Wunder, wenn diese — „gottselige Räuber" nennt sie der Verfasser wiederholt (S. 317) — in den Griechen ihre gefährlichsten Feinde sahen und danach sich benahmen.

Ein Volk, das gleich den heutigen Chinesen in der tiefsten Erstarrung begriffen war und nur von Haß gegen die Lateiner erglühte, das viele seiner Angehörigen selbst als die Pharisäer an Dünkel übertreffend [20]) oder wie Niketas (S. 306. N. 1) als ein verkommenes Volk schildern, das die sprich=wörtliche graeca fides immer mehr an sich ausprägte, das den Abendlän=dern als ein Volk von Lügnern galt (vgl. die S. 402 angeführten Worte des Aeneas Sylvius), konnte sich diesen von keiner vortheilhaften Seite zei-gen. Selbst der edelste abendländische Ritter, der mit Recht hochgefeierte Gottfried von Bouillon, spricht sich in diesem Sinne aus. Das war keine

---

[17]) Es ist merkwürdig, daß es noch Historiker gibt, welche die Derbheit an dem Reformator des sechzehnten Jahrhunderts sehr gut zu beschönigen wissen, aber die weit geringere an dem Kardinal des eilften Jahrhunderts unentschuldbar finden.

[18]) Neander KG. II. S. 320. a. III. Aufl. bemerkt: „Humbert zeigte sich hier (in der Antwort auf den Brief des Leo von Achrida) als einen Mann, der seinem Gegner an Geist und Einsicht in das Wesen des Christenthums allerdings überlegen ist."

[19]) Otto Fris. VII. 2.

[20]) Theophyl. de crim. Lat. c. 15. p. 252. ed. Will.

bloß vorgefaßte Meinung, wie die Worte unserer Autors (S. 282) ver=
muthen lassen: „Mit dieser Gesinnung, also kamen die Lateiner bereits
in den Orient." Gottfried erwähnt das frühere Gerücht über die Bosheit
und den Haß der Griechen, aber er sagt auch: „Und täglich nehme ich das
noch besser d u r c h d i e E r f a h r u n g wahr." Das Blutbad, das unter
den Lateinern in Constantinopel (1182) angerichtet ward (S. 295), über=
traf sowohl was die Geringfügigkeit der provocirenden Anlässe als was die
dabei verübte Rohheit und Gewaltthätigkeit betrifft Alles, was b i s d a h i n
von den Lateinern gegen die Griechen geschehen war. Es rief das eine
blutige Vergeltung hervor, die so wenig als die Einnahme Constantinopels
von 1204 gerechtfertigt werden kann; aber die P r i o r i t ä t in solchen Ex=
cessen haben die Griechen.

Ganz besonders verdient in das Auge gefaßt zu werden, was insbe=
sondere d i e P ä p s t e den Griechen zugefügt haben sollen. Auch hier bieten
die ersten sieben Jahrhunderte den Griechen keinen gerechten Grund zu Kla=
gen, vielmehr haben während dieser ganzen Zeit die Päpste gerechten An=
spruch auf die Dankbarkeit der byzantinischen Kaiser und Bischöfe erworben
und dafür viele harte Mißhandlungen von ihnen erfahren. Was unser
Autor am schärfsten betont, was nach ihm einen Haupttrennungs g r u n d
bildet (S. 151. § 7), das war die von Leo III. 800 vorgenommene Kaiser=
krönung und die den byzantinischen Herrschern fortan verweigerte Titulatur
eines r ö m i s c h e n Kaisers. Darin lag nach ihm ein furchtbares Unrecht
und die tiefste Wurzel der Feindseligkeit (S. 220). Am wenigsten aber
war es zunächst beabsichtigt, den allerdings seit den Ikonoklastenzeiten (S.
146. 147) verhaßt gewordenen Griechen damit eine direkte Unbill zuzu=
fügen und zuviel sagt wohl der Satz (S. 152): „J e d e den Franken
erwiesene Auszeichnung s o l l t e eine Demüthigung der Griechen s e i n" und
Ludwigs II. Worte (S. 162), von Gereiztheit über den byzantinischen
Stolz diktirt, sind kaum allzusehr zu urgiren. Wenn aber jene That
der Päpste wirklich ein Unrecht war — das haben aber bisher katho=
lische Schriftsteller kaum behauptet[21]), — so war es ein späteres, ein den
Unbilden, welche die Griechen Rom bereits zugefügt, erst nachfolgendes.
Unser Verfasser hat über die Kaiserkrönung vom Jahre 800 Ansichten, die
wir nicht zu theilen vermögen. Wir geben nicht zu, daß der Papst nur
als Repräsentant des römischen Volkes (S. 154), nicht als Oberhaupt der

---

[21]) Döllinger schrieb 1843 in seinem Lehrbuch der Kirchengeschichte I. S. 382: „Zu
dem Bewußtsein einer verübten Unbild kam nun noch der Unmuth über eine v e r m e i n t=
l i c h empfangene, nämlich die durch den Papst geschehene Herstellung des abendländischen
Kaiserthums und der Untergang der griechischen Herrschaft in Italien."

Kirche.[22]) Karl den Großen zum Kaiser krönte, daß die Römer es waren, welche eigentlich dieses Kaiserthum errichtet, und im Papstthume nur das Werkzeug sahen, ihre alte Weltstellung wieder zu erlangen (S. 164). Die ganze Idee des Kaiserthums, das nur die Vollendung dessen war, was schon die Verleihung des Patriciats inaugurirte,[23]) weiset auf das innige Verhältniß zur Kirche hin, deren Beschützer und bewaffneter Vertheidiger der neue Kaiser werden sollte; Karl der Große giebt das in seinen Briefen und Capitularien unzweideutig zu erkennen; Kaiser Ludwig II. (S. 160. 161) spricht es ganz entschieden aus, Hadrian II. (S. 158) und Johann VIII.[24]) legen sich schon ebenso gut wie nachher Hadrian IV. (S. 228) die Verleihung der Kaiserkrone bei sammt ihren Consequenzen. Der Papst hat dabei nie sich als bloßen Repräsentanten des römischen Volkes gerirt, sondern stets als obersten Bischof der Christenheit. Auch unser Verfasser hält hierin seine Anschauung nicht consequent fest, da er S. 226 § 6 von Leo III. bereits in der Gründung des neuen Kaiserthums die indirekte Gewalt des Papstes über das Zeitliche ausgeübt werden läßt. Eine Identificirung von Papstthum und römischem Reich ist nirgends ausgesprochen; und respublica romana und imperium romanum waren nicht mehr identisch,[25]) weßhalb unser Autor S. 151 § 8, Note 3, 4 ersteren Ausdruck nicht entsprechend wiedergibt, wenn er statt des „römischen Gemeinwesens" stets das „römische Reich" setzt. Es soll ferner die Errichtung des neuen Kaiserthums durch die Päpste eine Hauptursache des Cäsaropapismus in der orientalischen Kirche geworden sein (S. 197. § 23), gleich als ob dieser nicht schon längst, von Constantin dem Großen, inaugurirt (S. 49), von Justinian fest begründet (S. 79. 80) die tiefsten Wurzeln geschlagen und nicht schon in den Glaubensedikten von Basiliskus, Zeno, Justinian, Heraklius, Constans u. s. f. und in dem Verfahren der ikonoklastischen Kaiser seine Vollendung erreicht hätte! Und selbst von der Zeitperiode 1054—1453 sagt unser Autor (S. 404. § 1), daß der Cäsaropapismus nicht drückender geworden, als er es bereits war; er war aber (S. 212. § 1) in der vorhergehenden Zeit durchaus feindlich, schädlich, den kirchlichen Gesetzen widersprechend. — Noch weniger können wir es billigen,

---

22) Aehnlich Defensio declar. Cleri Gallic. P. I. L. II. c. 37.

23) Vgl. Karls Brief an Leo III. von 796. Mansi XIII. 980; dazu Gfrörer die Macht des Papstes im Mittelalter. Münster 1859. Bd. I. S. 276. 277. 283. 292.

24) Joh. VIII. ep. 155. Mansi XVII. p. 108.

25) So sagt Stephan II.: cunctus noster populus reipublicae Romanorum; Hadrian I: nostra Romana respublica. Man muß den weiteren und engeren, früheren und späteren Sinn des Namens wohl unterscheiden. In den obigen Stellen ließe sich wohl nicht für respublica das Wort imperium substituiren.

wenn der Verfasser (S. 197) ausruft: „Ein Bischof seines Reiches hattte den Römischen Kaiser in Constantinopel entthront!" Wir finden 1) keine Entthronung; denn Kaiser blieb der Autokrator in Byzanz nach wie vor; er verlor durch diese Krönung keinen Hufen Landes, den er nicht schon zuvor verloren; er verlor nicht den Thron noch seinen Titel Basileus. Wir finden 2) keine Entthronung durch einen Bischof seines Reiches, denn der römische Bischof war seit einem halben Jahrhundert kein Bischof dieses Reiches mehr; wir finden 3) keine Entthronung eines römischen Kaisers; denn in Rom hatte dieser Kaiser (oder vielmehr die Kaiserin Irene) keine Gewalt mehr; hier war der Papst, zwar nicht im Sinne der heutigen Souveränetät, welche die älteren Zeiten nicht kannten, aber doch in den wichtigsten Attributen des Landesherrn eigentlicher Regent geworden. Seit Gregor dem Großen hatten die Päpste, und zwar mit Genehmhaltung der byzantinischen Kaiser eine Schutzherrlichkeit nicht nur über das Gebiet von Rom, sondern über alle griechischen Besitzungen in Italien ausgeübt. Seit Kaiser Leo III. lösten sich die Bande der griechischen Herrschaft in Italien auf und die Päpste vermittelten die Hülfe einer germanischen Schutzmacht, der fränkischen, und die während dieses Uebergangs eingetretene faktische Oberherrlichkeit des Papstes über bestimmte Gebiete ward durch förmliche Sanktion der fränkischen Macht ein rechtlicher, im Verlauf der Zeiten vergrößerter Besitz. [26]) Das Recht der Eroberung, das seit Justinian datirte, hörte in dem Maße auf, in dem man nicht mehr im Stande war, das Eroberte zu behaupten und Italien zu beschützen; man hatte das Land sich selbst überlassen, schien faktisch auf die Herrschaft zu verzichten. Man konnte den Italienern nicht zumuthen, jedem byzantinischen Thronräuber, einem Nicephorus, einem Leo V. oder Michael II. unbedingt als ihrem Kaiser zu huldigen, sich als mit eisernen Ketten an die byzantinische Eunuchen- und Soldatentyrannei auf ewige Zeiten gefesselt zu betrachten. Wenn man nun die von Freunden und Feinden anerkannte [27]) Legitimität des päpstlichen Besitzes zugesteht, so bleibt für byzantinische Anklagen kein Rechtsfundament mehr übrig. Ganz richtig sagt Dr. Pichler S. 92 § 91: „Es war von der dringendsten Nothwendigkeit geboten, wenn unter diesen Verhältnissen schon Gregor II. bei den Frankenfürsten Hilfe suchte. Zwischen zwei gleich gefährliche Feinde, den griechischen Kaiser und den König der Longobarden gestellt, sah der Papst auf sich, als den einzigen

---

[26]) So Dr. Fr. A. Scharpff (früher Professor in Gießen, dann Stadtpfarrer in Mengen). Die Entstehung des Kirchenstaates. Freiburg 1860. S. 13. Vgl. dessen nachfolgende Begründung.

[27]) Vgl. Gosselin a. a. O. Bd. I. S. 273. 323—325.

Vater und Retter aus der doppelten Gefahr religiöser und politischer Sklaverei, Aller Augen gerichtet. Gregor III. war der letzte Papst, dessen Bestätigung durch den Römischen Clerus von dem griechischen Kaiser verlangt wurde. Es läßt sich nicht läugnen, daß die Päpste bereits angefangen hatten, selbst nach Erlangung politischer Selbstständigkeit zu streben. [28] Aber auch dieses Verlangen war nicht mehr als gerecht, ja von der Lage Italiens geboten. Die ganze orthodoxe Kirche mußte dieses Streben ihres Oberhaupts unterstützen. Bei der Fortdauer des bisherigen Verhältnisses der Kaiser zur Kirche war die weltliche Unabhängigkeit des Papstes von dem Interesse der Kirche selbst gefordert. Dieses Verhältniß hätte aber ohne allen Zweifel fortgedauert und wäre noch viel schlimmer geworden, wie die ganze spätere Geschichte der griechischen Kirche beweist. Die Kirche mußte also in ihrem Oberhaupte entweder einen weltlichen mächtigen Beschützer ihrer geistlichen Selbstständigkeit oder eigene Unabhängigkeit erhalten, oder beides zugleich. Letzteres war bei der Unbeständigkeit alles weltlichen Schutzes das Beste und darum geschah es auch nach dem Rathe der Vorsehung." Diese Fügung der Vorsehung ist um so weniger zu tadeln, als unter den in dem ersten Decennium des neunten Jahrhunderts so oft wechselnden Herrschern von Byzanz wenigstens Michael I. einmal (812), sogar den König Karl als „Basileus" anerkannt (S. 98. § 101), als sich in den Verhandlungen Hadrians I. mit dem byzantinischen Hofe von 772—786 eine gewisse Familiarität und Zuversicht [29] ausspricht, die wohl andeutet, daß man in Constantinopel mehr und mehr in den selbstverschuldeten Verlust der Oberhoheit in Rom sich gefügt zu haben scheint und sich keineswegs der Aenderung der Dinge in Italien energisch widersetzte. Wenn man in Byzanz nicht etwa bloß später, wie Anna Comnena (S. 262) und Michael Anchialus (S. 271) thun, sondern schon im neunten Jahrhundert [30] aus der Translation des Kaisersitzes die Verlegung des Primates von Altrom nach Neurom folgerte, wenn man schon vorher verächtlich auf Rom herabsah, das keine kaiserliche Stadt mehr war: so konnte gerade die Resuscitation des untergegangenen weströmischen Kaiserthums, so wenig man auch das von den Griechen ausgesprochene Princip anerkennen wollte und konnte, das Ansehen Roms erhöhen und dem päpstlichen Primate eine größere Sicherheit in seiner Entfaltung verleihen. „Der Papst, als Oberhaupt der Kirche, als Begründer und Beschützer der kirchlichen Freiheit, feierte

---

[28]) Man sehe indessen auch Döllinger, Papstfabeln S. 68. 151—155.

[29]) Muratori Ann. d'Italia a. 772.

[30]) Nicol. I. ep. 70 ad Episc. Gall.

2

damit seinen Triumph über den heidnischen Großpontifex" (S. 97). Ganz wahr sagt unser Autor (daf.), „dieses Ereigniß war die Letzte Folge der gänzlichen Entfremdung beider Kirchen." Diese Entfremdung war also schon da, die Kaiserkrönung von 800 war nicht Grund, sondern Folge. Was dann den Titel Imperator Romanorum betrifft, so hatte dieser für Byzanz alle Bedeutung verloren, wurde aber zähe festgehalten, weil an die Stadt Rom sich die Idee der Weltherrschaft knüpfte und er uralt und hergebracht war. In früheren Zeiten, wo es nur einen Kaiser gab, hatten die Päpste in der Regel Imperator Augustus geschrieben, [31]) der Beisatz Romanorum kam nicht vor; ebenso schrieben sie auch später an die byzantinischen Herrscher wie Hadrian II. und Johann VIII.; [32]) sie haben aber nicht den Titel „Kaiser der Römer" an sich bestritten; auch Nikolaus I., der auf Michaels III. Lästerungen gegen die lateinische Sprache unter Anderem entgegnet, es sei lächerlich, sich Kaiser der Römer zu nennen, wenn man deren Sprache nicht verstehe, [33]) will nur die Verunglimpfung der lateinischen Sprache abwehren, nicht ihm direkt den Titel bestreiten; er nennt auch den Michael imperator Augustus, [34]) und wenn in den Aufschriften seiner Briefe imperatori Graecorum [35]) vorkommt, so war das sicher nicht die officielle Aufschrift, die der Papst gegeben, sondern die kürzere, die der Copist vorangesetzt. Es war aber nichts natürlicher, als daß man später im Unterschiede zu dem neuen weströmischen den oströmischen Herrscher „Kaiser der Griechen" oder „griechischer Kaiser" nannte, wie das Dr. Pichler (S. 91. 92 und sonst regelmäßig) ja selber thut. Das that Johann XIII. in einem Briefe an Nicephorus Phokas, worin dieser als Kaiser der Griechen, Otto als Augustus oder Kaiser der Römer genannt ward; das beleidigte den byzantinischen Stolz so sehr, daß die Ueberbringer des Briefes eingekerkert wurden. [36]) Das ist das erste Zerwürfniß, das hierüber ausbrach. Wenn dann später, als die abendländischen Herrscher, fortwährend nur reges bei den Griechen genannt, [37]) so sehr an Glanz und Macht die Byzantiner überstrahlten, dennoch diese sich nur selten zur Aner-

---

[31] B. B. Horm. ep. ap. Baron. a. 519. n. 9. Joh. II. ep. L. 8. Cod. I. 1. Baron. a. 534. Liber diurn. Rom. Pontif. tit. 1. (Migne PP. lat. CV. p. 23.)

[32] Baron. a. 869. n. 2; a. 878 n. 21.

[33] Nicol. ep. 8. Baron. a. 865 n. 52.

[34] ib. n. 77.

[35] Baron. a. 860 n. 3.

[36] Luitprand. leg. p. 363. 364. ed. Bonn. post. Leop. Diac. Jaffé Reg. n. 2857.

[37] Vgl. z. B. den Brief des Joh. Comnenus an Conrad III. De gest. Frid. I. 24.

kennung ihres Bruders im Occident herbeiließen, so war es in Verbindung mit anderen Zerwürfnissen nicht zu verwundern, daß man auch im Occident nur von einem regnum Graecorum sprach [38]) und das griechische Reich das sich selbst isolirt, als vom europäischen Staatensystem ausgeschlossen betrachtete (S. 221). Die ganze oben berührte Anklage hatte hauptsächlich darin ihren Grund: Wenn die Lateiner den Byzantinern sagten: Ihr habt euch losgerissen von dem Centrum der kirchlichen Einheit, ihr habt euch getrennt vom Gehorsam des apostolischen Stuhls: so konnte man ihnen am bequemsten entgegnen: „Nein, i h r habt euch losgerissen vom Mittelpunkte des Reichs, euch losgesagt von dem Gehorsam gegen den allein wahren, allein legitimen r ö m i s ch e n K a i s e r." Abfall gegen Abfall; gegenüber der Apostasie vom Primate in kirchlicher Beziehung machte man die Apostasie vom Reiche in politischer und dann auch in kirchlicher Beziehung geltend. So spricht Nektarius von Jerusalem (S. 480. §. 22) von der seit Loskrennung vom Kaiserreiche eingetretenen doppelten Tyrannei der Römer. Weiter wird gerügt, daß Leo IX. dadurch, daß er den Normannen im Juni 1053 ihre italienischen Besitzungen bestätigte, den Griechen ein viel größeres Unrecht zugefügt und ihnen mehr genommen als Leo III. und Nicephorus Phokas der römischen Kirche entrissen (S. 178). Allein 1) die päpstliche Concession konnte die Griechen sicher nicht hindern, den Normannen das Eroberte wieder zu entreißen, während die Päpste nicht im Stande waren, sich wieder in den Besitz des Entzogenen zu setzen; die Unbill gegen den Schwächeren und dazu auf kirchlichem Gebiete wäre jedenfalls die stärkere. 2) Leo IX. war vorher von den Normannen um diese Belehnung gebeten worden, hatte sie aber abgeschlagen, wurde dann am 18. Juni besiegt und erst als Besiegter ging er auf das Ansinnen der Sieger ein, [39]) in welchem Umfang ist nicht genau bekannt, [40]) indem er wohl auch durch den Einfluß, den er auf sie gewinnen konnte, ihr kriegerisches Wesen zu mildern hoffen durfte.

Wenn wir die einzelnen Gravamina beider Theile durchgehen, so können wir nirgends finden, daß der Haß der Lateiner gegen die Griechen größer als der griechische Haß gegen die Lateiner und die Anklagen dieser gegen jene unbegründeter gewesen als die, welche griechischerseits gegen diese vorgebracht worden sind. Wenn es heißt (S. 174): „Das Abendland scheint

---

[38]) Das hier angeführte römische Ceremoniale (S. 221. Note 2) hat übrigens nur geringe Autorität.

[39]) Vgl. Will Restauration der Kirche im 11. Jahrhund. I. Abth. Marburg 1859. S. 111 ff.

[40]) Das. S. 118.

2*

in Bezug auf die Griechen immer den Grundsatz befolgt zu haben: Hasse
den Gekränkten," so vermögen wir das mit Nichten als völlig gerechtfertigt
anzuerkennen. Luitprand von Cremona ist allerdings ein schmähsüchtiger
Schriftsteller; aber was er von dem allenthalben zur Schau getragenen by=
zantinischen Hochmuth und von der Verachtung der Abendländer sagt, stimmt
in der Hauptsache zu sehr mit den eigenen Aeußerungen der Griechen schon
vor ihm, z. B. mit den Briefen des Photius und Michaels III.,[41]) mit den
Zeugnissen byzantinischer Autoren verschiedener Stände und Richtungen;
überein, als daß wir ihn geradezu, von Uebertreibungen, die sein Aerger
verursacht, abgesehen, hierin der Lüge zeihen dürften. Die Schilderungen
des steifen byzantinischen Hofes nach Constantin Porphyrogenitus u. A.
lassen uns es wohl begreiflich finden, daß ein Occidentale von Otto's I. Hof
ganz ähnliche Eindrücke in Byzanz erhielt, wie etwa heutzutage ein Euro=
päer am Hofe zu Peking empfinden würde. Ein solcher Fanatismus des
Hasses, wie er sich schon bei Cärularius, wie er sich bei dem von Priestern
und Mönchen geleiteten Blutbad von 1182 (S. 295), bei den Vorgängen
nach der Union von 1274 (S. 346. § 31. S. 352. § 35) zeigte, und das
in Verbindung mit einer schamlosen Heuchelei, die Martins IV. strengen
Erlaß nach gemachter Entdeckung hervorrief (S. 348. 349), hat sich doch
bei den rohen Abendländern nicht gezeigt. Man mag über die „falsche
Bigotterie" des Occidents klagen, welche die Griechen gegen die östlichen
Feinde hilflos ließ (S. 408); aber war es weniger als eine solche, was
die Hilfe des Occidents, dem man die Union stets nur hinterlistig aus po=
litischen Zwecken in Aussicht gestellt (vgl. Pachymeres bei Pichler S. 343.
N. 5); verscherzen und verschmähen ließ, war es nicht wahnsinniger Fana=
tismus, daß man vor der Einnahme der Stadt durch die Türken falschen
Weissagungen glaubte, ein Wunder vom Himmel erwartete und auf den
unfehlbaren Beistand der heiligen Jungfrau pochte (S. 400. 401), daß
man so Vieles aufbot, um die Katastrophe von 1453 wirklich als ein Ab=
bild der Zerstörung Jerusalems im Jahre 70, erscheinen zu lassen? Und
während nicht wenige Päpste die Griechen durch Wohlthaten zu gewinnen
suchten, wie Gregor XI. und Bonifaz IX. (S. 380. N. 6; S. 381. N. 4.
5), während sie verboten, den Türken gegen die Griechen Hülfe zu leisten
(S. 383. 384); während Eugen IV., der aufrichtig die Union wollte (S.
389), Alles aufbot, Byzanz zu retten, während Calixtus III. für Wieder=
gewinnung der Stadt thätig war (S. 500), zeigte sich ein wahrhaft blinder
und maßloser Haß gegen die bereits nicht mehr zu den Christen gerechneten

---

41) Phot. ep. 84 ed. Mont c. Neander KG. II. S. 311. N. 4. Nicol. ep. 8 ad
Mich. Imp.

und den Türken nachgesetzten (vgl. S. 346. § 30. S. 400. 401. 402)
Katholiken des Abendlands.

Was die Beschwerden und Klagen des einen Theils gegen den anderen
betrifft, so ist es wahr, daß viele Lateiner Verschiedenheiten zum Stoff von
Anklagen machten, die sie nicht zu beurtheilen verstanden und bei denen sie
vielfach in heimischen Vorurtheilen befangen waren; aber diese Vorurtheile
waren kaum stärker als die der Gegenseite und zudem erdichteten sie nicht
falsche Anklagen, wie es die Griechen, namentlich Cärularius gethan, der
den Lateinern vorwarf, daß sie keine Reliquien und Bilder verehren, die
griechischen Väter nicht anerkennen [42]) u. s. f., wovon die erste Anklage von
Petrus Antiochenus zurückgewiesen [43]), von Theophylakt für eine satanische
Verläumdung [44]) erklärt wird. Wendet man ein (S. 258), daß Cärularius
ebenso ungerecht der Wiedertaufe der Lateiner beschuldigt worden sei, so
könnte ich das angesichts der späteren offenkundigen Thatsachen [45]) auch dann
nicht gelten lassen, wenn Cärularius dieses bestimmt in Abrede stellte; aber
Cärularius hat in seinem Synodaledikt [46]) nur die Excommunicationssentenz
Humberts überhaupt als abscheulich und gotteslästerlich erklärt, ohne sich
speciell über diesen Punkt zu äußern. Sagt man (S. 308. N. 5), es sei
Verläumdung, daß die Griechen mit Verachtung der Priester oft durch Laien
die Absolution ausspenden ließen, so zeigen klare Zeugnisse, daß dieses wirklich, und nicht einmal selten, der Fall war. Bei der Mißachtung der ver-
heiratheten Weltpriester kam das Bußgeschäft dermaßen in die Hände der
Mönche, daß nicht blos Markus von Alexandrien bei Balsamon anfragen
könnte, ob Weltpriester Beicht hören könnten [47]), sondern auch Mönche, die
nicht Priester waren, absolvirten und man das sogar mit Gründen zu rechtfertigen suchte. [48]) Andere Fragen dieser Art werden wir später zu berüh-
ren Anlaß finden.

---

[42]) Caer. ep. ad Petr. c. 14. p. 183. ed. Will.

[43]) Petr. ad Caer. c. 20. p. 220.

[44]) Theophyl. p. 260. ed. Will.

[45]) Cf. Odo de Diogilo p. 34. Bei Pichler S. 288. N. 7. Conc. Lat. IV. c. 4.
(c. 6. de bapt. III. 42.)

[46]) Ed. Syn. p. 163. ed. Will.

[47]) Resp. ad q. 19. Leuncl. Jus. Gr. Rom. I. p. 372. Vgl. meine Abhandlung im
Archiv für kath. KR. VIII. S. 170.

[48]) Ep. de confessione inter Joh. Damasc. Opp. ed. Le Quien I. p. 601—610.
Dahin gehört auch, was sich Conc. VIII. act. IX. (Mansi XVI. 150) findet.

III.

Ganz richtig hat Dr. Pichler (S. 13) bemerkt, daß von dem Prote=
stantismus erst geschaffene und im ganzen Orient verbreitete Vorurtheil über
die gewaltigen Ansprüche des Papstthums, „das man wie ein Gespenst schil=
dert," habe vor Allem bei den Russen die starke Abneigung gegen die römi=
sche Kirche genährt. Ob aber sein Buch dieses Vorurtheil eher zu beseitigen,
als vielmehr zu nähren geeignet ist, kann trotz der klar ausgesprochenen An=
erkennung des „an sich unmittelbar göttlichen Rechtes des Primates" (S.
40. § 11) und trotz der günstigen Auffassung dieses Primates im Allge=
meinen doch bei der Art und Weise, wie er die einzelnen Träger dieses Amtes
und ihre Schritte behandelt, vielfach zweifelhaft erscheinen.

Vor Allem verursachen unserem Autor die Uebertreibungen in der
Schilderung der päpstlichen Gewalt bei den mittelalterlichen Theologen und
bei den Päpsten selbst große Unruhe. Man kann die Exaggerationen eines
Augustinus Triumphus, eines Alvarus Pelagius u. A. tief beklagen, die
besonnene Theologen nie getheilt; [49] aber sicher haben diese ungleich weniger
Unheil gestiftet, als die griechische Basileolatrie, als die Exaggeration der
byzantinischen Kaisermacht, auch in religiösen Dingen, wie sie insbesondere
Constantin Porphyrogenitus (S. 216), Balsamon und der Bulgarererz=
bischof Demetrius, Nicephorus Chumnus und so viele Andere, ja die ent=
schiedene Mehrzahl der Byzantiner (S. 414—416) unter maßloser
Schmeichelei vertreten, wie sie auch in Aktenstücken der Neuzeit dem türki=
schen Sultan gegenüber noch auf eine eckelerregende Weise sich kundgibt.
(S. 447. 448.)

Ferner haben die Uebertreibungen einzelner lateinischer Theologen im
Großen und Ganzen auf die Stellung der griechischen zur lateinischen Kirche
nur einen sehr untergeordneten und indirekten Einfluß üben können, da es
Niemanden in den Sinn kam, die Anerkennung alles dessen, was einzelne
Theologen von dem Papste prädicirten, von den Byzantinern zu verlangen.
Das, was die Päpste von ihnen f o r d e r t e n, war nichts als das, was
auch das griechische Alterthum und die orientalische Tradition völlig recht=
fertigte; was Alexander III. von Manuel Comnenus (S. 293), was Cle=
mens IV. und Gregor X. von Michael Paläologus (S. 344. 345) hierin
forderten, war Anerkennung des Primates, des Rechts der Annahme von
Appellationen, die Commemoration in der Liturgie, und die späteren Postu=

---

[49] Bellarmin z. B. de Rom. Pontif. V. 2—4 widerlegt die Sätze: Papam esse
dominum totius mundi oder totius orbis terrarum etc.

late in diesem Stücke sind in den Definitionen von Lyon und Florenz enthalten, deren Inhalt in keiner Weise eine ungebührliche Uebertreibung aufzeigt.

Aber ganz anderer Ansicht ist Pichler, wenn er S. 257. § 3 sagt: „Zur gänzlichen Verwerfung des Primats wurden die Griechen erst allmälig durch die immer höher gehenden Ansprüche und Erklärungen der Päpste und deren Legaten und Theologen getrieben." Wann haben die Griechen den Primat verworfen? Man könnte sagen, daß der Keim dieser Verwerfung schon in der zu Chalcedon versuchten Herleitung der Prärogativen Roms aus dessen Eigenschaft als Kaiserstadt gelegen war, daß dieser Keim sich rascher und stärker entwickelt hat, seit die von den Vätern ererbte Ehrfurcht vor dem apostolischen Koryphäen im Westen und die rege Verbindung glaubenseifriger Mönche mit ihm geschwunden war, seit man sich durch die öftere Trennung von ihm an diese Isolirung gewöhnt und seit man am Anfange des eilsten Jahrhunderts die Namen der Päpste aus den Diptychen völlig beseitigt (S. 207). Faktisch hatte man längst den Primat verworfen, ehe man theoretisch, in polemischen Abhandlungen, sich gegen ihn erhob. Daß Photius sowohl in den beiden ersten Briefen an Papst Nikolaus als auf der Synode von 879 ihn anerkannte (S. 180 ff.), ist wahr; aber das beweist noch lange nicht, daß er ihn stets anerkannte; ganz anders zeigte er sich da, wo er des Papstes bedurfte und mit ihm in Frieden war, als da, wo er ihn bekämpfte und dieselben Gebräuche, die er noch 861 tadellos fand, waren 866 und 867 ihm schwere Verbrechen (vgl. S. 185. § 7); es könnte vielleicht doch irgend Einem noch der Beweis gelingen, daß er sich zu Zeiten auch ganz anders über den Primat geäußert. Doch das wollen wir für jetzt auf sich beruhen lassen. Daß der Primat des römischen Stuhles bis zu Cärularius fortwährend anerkannt war, glaubt Pichler (S. 211. § 38) durch das Ansinnen Basilius II. an Papst Johann XIX. bewiesen, es solle der Patriarch von Constantinopel dieselbe Macht und denselben Titel haben im Orient, wie der Papst beides in Bezug auf die ganze Kirche besitze. Das soll vom Occident irrig als Verwerfung des Primates aufgefaßt worden sein. S. 262. 263 ist eben davon die Rede und die Auffassung des Kaisers also dargestellt: „Die Welt erscheint bei ihm in zwei Reiche getheilt, in das ächte Römische Reich des Orients unter Einem Kaiser und Einem ökumenischen Patriarchen, und in das Reich des Abendlandes unter dem Deutschen Kaiser und dem Römischen Patriarchen. Er erbot sich mit diesem Reiche zum Frieden unter der Bedingung, daß es diese Auffassung acceptire." Ist damit aber nicht der Primat über die ganze Kirche geläugnet? Gerieth der

Occident hier mit Unrecht in so große Entrüstung? Sagt nicht Hefele [50]) mit Recht von diesem Antrag, daß er, wenn er auch Roms Vorrang noch dem Worte nach anerkannte, doch faktisch neben ihm auch ein Papstthum des Morgenlandes gegründet hätte? Die von Pichler S. 274. § 20 angeführte anonyme Schrift Contra eos qui dicunt Romam esse primam sedem, die Alexius Aristenus aufnahm, ist jedenfalls viel älter als dieser; der gelehrte, durch seine antipäpstlichen Gesinnungen bekannte Fontani [51]) legt sie dem Photius bei und das geschieht auch in zwei vaticanischen Handschriften. [52]) Bei Alexius Aristenus steht sie mitten unter älteren Excerpten und zwar nach Stellen aus Petrus von Antiochien und Leo von Achrida; sie ist mindestens diesen gleichzeitig und enthält eine ganz entschiedene Verwerfung des päpstlichen Primats. Und lange vor Innocenz III. sprachen Anna Comnena und andere Griechen (S. 262 ff.) dem Bischofe von Rom den Primat ganz entschieden ab, ehe noch die Theorien der abendländischen Theologen im Orient näher bekannt geworden waren.

In seinen Theoremen unerschütterlich beginnt Dr. Pichler, nachdem er (S. 255) seinen vierten Abschnitt mit dem Satze beschlossen: „Nach den Grundsätzen über die Papstgewalt, die von Leo IX. bis zu Leo X. und noch später hinaus, wenigstens am päpstlichen Hofe, die herrschenden blieben, war eine Vereinigung mit der Griechischen Kirche geradezu unmöglich und die Kluft mußte immer weiter werden," den fünften sofort mit der Versicherung: „Ganz gleichzeitig mit dem Beginn (?) der Bestrebungen des Occidents, den Ursprung aller Gewalten und Rechte im Papstthum zu centralisiren, gibt sich in der Kirche des Orients das Bemühen kund, den Römischen Bischof seiner Würde als Oberhaupt der allgemeinen Kirche zu entkleiden. Man kann sagen: die übermäßige Verehrung des Papstes im Occident wurde die Ursache ebenso tiefer Herabsetzung desselben im Orient; die Griechen stürzten den Papst gerade so tief unter das Niveau seiner göttlich berechtigten Stellung hinab, als die Lateiner über dasselbe ihn hinaufhoben. Der Zeitpunkt, wo Letztere von ihrer Uebertreibung zurückkommen (also sind sie noch 1864 nicht davon zurückgekommen?) und sie vollständig einsehen werden, wird auch Erstere zur Erkenntniß ihres Unrechts führen (?), und sie werden dem Papste ebenso bereitwillig (?) die unrechtmäßiger Weise ihm entrissenen wesentlichen Rechte wieder zuerkennen, als die Andern die ihm als wesentlich vindicirten

---

[50]) Hefele Conc. IV. S. 726.

[51]) Fontani Novae deliciae eruditorum, Florentiae 1785, P. I. p. 80 not.

[52]) Cod. Vat. gr. 829. (Fontani l. c.) Cod. Vat. 1150. f. 101. b. in beiden unmittelbar nach den sicher dem Photius zugehörigen Collectiones et Demonstrationes.

unwesentlichen Rechte als solche bezeichnen werden. Ueber beide Parteien, seine unklugen Freunde und seine mißleiteten Feinde wird die göttliche Institution des Papstthums siegen." Ob diese prophetische Ankündigung oder Hoffnung des Sieges über die „unklugen Freunde" zur Wahrheit werden wird, steht sehr zu bezweifeln, namentlich angesichts der Verurtheilung des Gallikanismus, Febronianismus und der Synode von Pistoja, angesichts ferner der starren Consequenz des römischen Stuhls, deren er sich nicht wohl wie Andere so leicht zu Gunsten „kluger Freunde" entschlagen wird. Zwar wird es Niemanden heutzutage einfallen, wegen der Unterscheidung von wesentlichen und unwesentlichen Rechten des Papstes unseren Autor heteroboxer Lehren zu zeihen, obschon dieselbe von allen neueren Canonisten [53] mit gutem Grund beanstandet wird, da diese doch einen sehr guten Sinn haben kann; [54] zwar wird kein Vernünftiger, wenn man auch das ihm als Ideal vorschwebende System als modificirten Febronianismus bezeichnen könnte, da es mit diesem in vielfachen Beziehungen übereinstimmt [55] und sowie jener die Union mit den Protestanten [56] so die Union mit den schismatischen Griechen als Ziel sich vorgesteckt, den Verfasser mit Hontheim auf eine Linie stellen, von dem er so vielfach differirt, vor dem er eine weit richtigere Würdigung der Geschichte wie der Berechtigung des Papstthums voraus hat; aber das wäre mit Fug von ihm zu verlangen gewesen, daß er an der Hand der geschichtlichen Thatsachen sowohl als der feststehenden Rechtssätze uns eine klare Definition gegeben, uns gesagt hätte, was denn er unter wesentlichen und unwesentlichen Rechten versteht. Heutzutage muß der Kirchenhistoriker zugleich gründlicher Dogmatiker und Canonist sein und am wenigsten wird er das Mittelalter ohne genaue dogmatische und juristische Principien verstehen.

Eine solche bestimmte Erklärung gibt der neueste Geschichtsschreiber des griechischen Schisma uns nicht. Nur Andeutungen gibt er bezüglich des ihm vorschwebenden Systems, von denen eine der deutlichsten ist, was sich in dem Satze S. 257. § 3 findet: „Der ganzen Kirche waren diese Ansprüche fremd, daß der Papst die Quelle aller geistlichen und weltlichen Jurisdiktion und (der dogmatischen wäre einzuschieben gewesen, da weltliche Unfehlbarkeit doch nicht wohl in Anspruch genommen worden ist) Un-

---

[53] Walter. KR. § 128. S. 245. XI. Aufl. Phillips KR. V. 1, § 202. S. 21 ff. Schulte System S. 187 ff. Lehrbuch S. 174.
[54] Vgl. Beidtel. Das kanonische Recht. Regensb. 1849. S. 494.
[55] Febron. de statu Eccles. c. 2—5.
[56] Vgl. Beidtel S. 151. 481 ff.

fehlbarkeit sei." Ebenso werden S. 547 die Theorien der päpstlichen Unfehlbarkeit und der Zutheilung beider Schwerter und aller Jurisdiktionsge-
walt erwähnt; aber hier wird wenigstens von den beiden letzteren gesagt, sie
wären „ohne die griechische Kirchentrennung wohl nie ent-
standen und hätten sich erst nach derselben ausgebilbet, als die
Gränzen der allgemeinen Kirche mit dem römischen Patriarchate zusammen-
fielen." Wenn das sich so verhält, dann haben ja doch diese „überspannten
Theorien" nicht die griechische Kirchentrennung verschuldet, die ihnen vor-
ausging; sie konnten sie höchstens befestigen und nähren. Das wären
zunächst die gröbsten Uebertreibungen, deren sich die Päpste, ihre Legaten
und ihre Theologen schuldig gemacht, die vor Allem die Griechen abgestoßen,
die Union verunmöglicht hätten. Es wären demnach drei Punkte zu prü-
fen: a) die Päpste im Verhältnisse zur weltlichen, b) im Verhältniß zur
geistlichen Jurisdiktion, c) die ihnen zugeschriebene Unfehlbarkeit. Das stimmt
so ziemlich mit dem überein, was bei mehr oder weniger febronianisch ge-
sinnten Canonisten [57]) unter den jura controversa verstanden wird.

a) Wenn von der hohen Gewalt der Päpste im Verhältnisse zu der
weltlichen Macht die Rede ist, da denkt jeder zunächst an die potestas indi-
recta in temporalia, die ihnen zugeschrieben wurde und deren theologische
Fundamente auch großen akatholischen Denkern [58]) als höchst beachtenswerth
erschienen sind. Ganz in der Weise wie die strengsten Theologen äußert
sich Pichler (S. 223) über einen der am meisten verläumbeten Päpste:
„Gregor VII. hat an der göttlich grundgelegten Verfassung der Kirche gar
nichts geändert. Nicht einmal die Confundirung der beiden Gewalten darf
ihm zur Last gelegt werden, wenn auch, als sie zum ersten Male mit aller
Hitze auf einander geriethen, das scharfe Auseinanderhalten beider nicht zu
erwarten ist, und bei dem frechen Uebermuth des jungen Kaisers der gewal-
tigste Vorkämpfer der kirchlichen Freiheit in dem starken Bewußtsein seines
Amtes sich in die Nothwendigkeit versetzt sah, die bei den gewöhnlichen kirchlichen Bedürfnissen der Ausübung seiner Macht gesetzten Schranken zu über-
steigen und um einem außerordentlichen Bedürfniß zu begegnen,
auch die höchste, nur durch die göttlichen Gebote begränzte
Gewalt in Anspruch zu nehmen. Daß dem Oberhaupt der Kirche eine
solche, alles menschliche Recht beugende Macht für jene außerordentlichen
Zustände, wo zur Rettung der Kirche die bestehenden menschlichen Staats-
und Kirchengesetze oder Gewohnheiten nicht ausreichen, zustehe, wird Niemand

---

[57]) Schenkl Instit. jur. can. I. § 243. p. 393.

[58]) Leibnitz. Pensées II. 406. 407.

bezweifeln, der nur überhaupt an die ewige Bestimmung der Menschheit glaubt, welche in der Kirche und durch sie erreicht werden soll. Eine solche Lage war aber ohne allen Zweifel die Gregors VII., und er schuf sich diese nicht selbst, sondern wurde in dieselbe hineingestellt." Nur das tadelt er, daß man die außerordentlichen Rechte, die auch der hl. Bernard (S. 230) für den Nothfall anerkannt, von da ab das ganze Mittelalter hindurch und theilweise bis in die allerneueste Zeit (?) als die ordentlichen, unter allen Zeitverhältnissen nach Willkür (!) anwendbaren erklärte. Allein man wird doch zugestehen müssen, daß auch andere Päpste in die Lage Gregors VII. kamen, namentlich Alexander III., Gregor IX. und Innocenz IV. gegenüber den Hohenstaufen, welche durch Resuscitation des altrömischen Rechts mit Verkennung der abendländischen Entwicklung den Occident mit einem byzantinischen Despotismus bedrohten und die Kirche zu ihrem Werkzeug zu erniedrigen suchten, sowie auch daß die Päpste der letzten Jahrhunderte den weltlichen Fürsten gegenüber keine nach den total umgestalteten Rechtsanschauungen der europäischen Völker ungerechtfertigte Gewalt mehr beanspruchten, faktisch das aus der mittelalterlichen Rechtsentwicklung allein Herstammende als beseitigt erachteten. Man muß aber auch sehr wohl unterscheiden, was den Päpsten in dem mittelalterlichen katholischen Staate kraft der in diesem selbst geltenden Grundsätze zustand und das wozu sie an sich schon als Oberhäupter der Kirche berechtigt waren. [59])

Das Princip der Superiorität der Kirche über den Staat ist ein altchristliches; soweit der Himmel über die Erde, [60]) die Seele über den Leib erhaben ist [61]) — so sagen die Alten — soweit ist das Sacerdotium über das Imperium erhaben. Man sprach von den zwei Himmelslichtern und verglich die Kirche mit der Sonne, den Staat mit dem Monde; Gregor VII., Innocenz III., Gerhoch von Reigersberg und viele Andere bedienten sich dieses Bildes [62]) und keineswegs hat Innocenz (S. 232) dasselbe wesentlich erweitert. Der Staat erhielt sein Licht von der Kirche wie der Mond von der Sonne, weil diese ihn sittlich erhob und zum übernatürlichen Leben verklärte; die königliche Gewalt glänzt um so mehr, je mehr sie sich an die

---

[59]) Man vgl. Phillips im 3. Bande seines Kirchenrechts und Gosselin im 2. Bande der citirten Schrift nebst dem Werke von Blanchi.

[60]) Chrys. hom. 15. in II. Cor. (bei Pichler S. 67. Nr. 4) Testam. 12. patr. Test. Judae c. 21. (vgl. Neander KG. I. 201) Steph. V. ad Basil. (Mansi XVI. 421).

[61]) Const. apost. II. 34. Naz. Or. 17. (Pichler S. 64. N. 3) Chrys. hom. 34. in Hebr. n. 1.

[62]) Greg. ep. VII. 25. VIII. 21. Innoc. ad Const. Imp. c. 6. 6. 4. de M. et O. I. 33. Gerhoch de corrupto eccl. statu c. 3. (Galland. XIV. 549).

päpstliche anschließt; da diese ihr höhere Weihe verleiht, ihr größeres Licht gibt; je mehr sich erstere von letzterer, der Repräsentantin des Göttlichen auf Erden, entfernt, desto mehr verliert sie an Glanz sowohl in moralischer als in religiöser Beziehung. Die tiefreligiöse Auffassung des Mittelalters gibt auch hier sich kund, wie in den folgenden Worten, die es als eine göttliche Fügung ansehen, daß beide Gewalten in Italien ihren Sitz erlangten, das durch Gottes Anordnung die Herrschaft über die anderen Provinzen erlangt hat, wohl zuerst in weltlicher Beziehung durch das römische Reich, dann in religiöser durch den Sitz des Nachfolgers Petri. Das ist wohl nicht so verfänglich wie es Manchem scheint; es erinnert uns an die Worte Leo's des Großen, der Rom anredend sagt: Die Apostelfürsten haben es bewirkt, ut per sacram beati Petri sedem caput orbis effecta latius praesideres religione divina quam dominatione terrena. ... Minus est, quod tibi bellicus labor subdidit quam quod pax christiana subjecit. [63] Das Bild von den zwei Schwertern, von Bernard, Gerhoch, Friedrich II. und so vielen Anderen gebraucht, [64] ist ebenso bezeichnend. Es ward anerkannt, auch von Friedrich II., daß das materielle Schwert in subsidium gladii spiritualis bestimmt, daß das geistige Schwert von der Kirche, das materielle für die Kirche gezückt sei und hierin führte man nur die von Kirchenvätern schon ausgesprochenen Gedanken aus. [65] Insoferne das letztere Schwert zur Unterstützung des ersteren bestellt war, konnte man auch sagen, die Kirche habe beide Schwerter, wie auch der heil. Bernard sagt: Petri uterque est, alter suo nutu, alter sua manu, quoties necesse est, evaginandus, [66] woraus auch die Worte des Johann von Salisbury (S. 232) wohl erklärlich sind. Selbst Bonifaz VIII. erkennt, ganz sich an die Worte Bernards anschließend, an, daß nicht auf gleiche Weise beide Schwerter dem Oberhaupte der Kirche zu Gebote stehen. [67] Um sich über die Ansprüche der Päpste klar zu werden, hat man alle ihre Aussprüche zu vergleichen. Man findet, daß nicht blos einzelne Schriftsteller wie Hugo von St. Viktor und Lupold von Babenberg (S. 240) die juristische (nicht moralische) Unabhängigkeit der weltlichen Gewalt hervorheben, sondern daß es auch Päpste

---

[63] Leo M. sermo 80. (al. 80) in Nat. Petri et Pauli c. 1. Aehnlich auct. de vocat. omn. gent. II. 16. und Prosper Carm. de ingratis: Sedes Roma Petri, quae pastoralis honore Facta caput mundo, quidquid non possidet armis Relligione tenet.

[64] Bernard. de consid. IV. 3. Gerhoch l. c. Frid. II. Const. a. 1220. c. 7. (Pertz M. IV. 236).

[65] Leo M. ep. 15 ad Turrib.; ep. 156 c. 3 ad Leon. Imp. Isid. de Sent. III. 49. 53. Greg. M. ad Maur. L. II. 11.

[66] Bern. ep. 256 ad Eugen. III.

[67] Cap. Unam sanctam I. 8 de M. et O. in E. c.

thun, und zwar im kanonischen Gesetzbuch, wo Alexander III. die Appellation vom weltlichen Richter an den Papst außerhalb des Kirchenstaats nicht recht= lich zulässig findet, [68]) wo Innocenz III. klar sagt: Cum Rex in temporalibus superiorem non recognoscat [69]) u. A. m., worauf von unserem Autor keine Rücksicht genommen ward. Hier ist noch sehr viel zu thun übrig und abgesehen davon, daß in den päpstlichen Briefen sich viele Sätze der Theologen, und zwar gerade die, welche am anstößigsten erscheinen könnten (S. 244), nicht nachweisen lassen, sind die verschiedenen Aeußerungen der Päpste mit einander auszugleichen, was dem der ebenso Rechtskenntnisse als dogmatische und historische Bildung besitzt, nicht allzuschwer fallen dürfte.

Als tiefste Wurzel der Feindseligkeit gilt Hrn. Dr. Pichler neben der „Entthronung" der Herrscher von Byzanz „die zum Nachtheil der Griechen von den Römern geschehene Erdichtung der Con= stantinischen Schenkung mit den darauf gebauten Rechten" (S. 220). Der Verfasser stützt sich auf die zum Theil nach de Marca's [70]) Vorgang von Hrn. von Döllinger [71]) vorgetragene Hypothese, die apo= kryphe Donatio Constantini sei von den Römern zwischen 752—774 zu Gunsten der päpstlichen Herrschaft untergeschoben worden — eine Hypo= these, die noch lange nicht fest genug aufgebaut ist, um als sichere Grund= lage für weitere historische Schlußfolgerungen dienen zu können. Die Ge= schichte der pseudoisidorischen Decretalen, in denen auch dieses unächte Stück sich findet, hat zur Genüge gelehrt, wie vorsichtig man in solchen Dingen zu verfahren hat. Eine Zeit lang galt es als ausgemacht, Rom sei die Heimath des pseudoisidorischen Werkes und doch hat das die neuere Forschung als völlig haltlos erwiesen. Was die Worte Hadrians I. in Cod. Carol. ep. 60 betrifft, so berechtigt die Aehnlichkeit eines Ausdrucks mit der fal= schen Urkunde noch lange nicht zu dem Schlusse, Hadrian, der sonst sich derselben nicht bedient, auch da nicht, wo sie seinem Zwecke weit förderlicher gewesen wäre, [72]) habe, als er an Karl schrieb, die Urkunde vor sich gehabt; es konnte auch der Verfertiger des Dokuments, der jedenfalls vor 850 thätig war, Phrasen aus Hadrians Brief in sein Elaborat aufgenommen haben, oder es hatte Hadrian eine ältere Quelle vor sich, etwa die vielfach lateinisch

---

[68]) c. 7 de appell. II. 28.
[69]) c. 13. qui filii sint legitimi IV. 17.
[70]) De Marca de Conc. III. 12, 3.
[71]) Döllinger Papstfabeln. S. 67 ff.
[72]) Z. B. in dem Briefe an die byzantinischen Herrscher vom Okt. 785, wo er die patrimonia Ecclesiae Romanae reclamirt als antiquitus ab orthodoxis Imperatoribus con- cessa, ohne den Constantin auch nur besonders zu nennen. Mansi XII. 1073.

bearbeiteten und gelesenen Acta S. Silvestri, [73] aus denen er in seinem Schreiben an Karl über die Bilder, sowie in seinem Briefe an den griechischen Hof Einiges anführt. [74] Nebstdem aber ist auch die Verwandtschaft der Worte Luitprand's [75] mit denen der falschen Schenkung eine weit größere als sie hier sich findet; den Worten der letzteren: tam in oriente quam in occidente vel etiam septentrionali et meridiana, plaga, videlicet in Judaea, Graecia, Asia etc. entsprechen die Worte bei Luitprand: non in Italia solum, sed in omnibus paene occidentalibus regnis, nec non de orientalibus atque meridianis, Graecia scilicet, Judaea; Perside etc. sowie das contulimus der ersteren dem multa donaria contulit bei letzterem weit genauer als das potestatem in his Hesperiae partibus etc. bei Hadrian den Worten urbem Romam et omnes Italiae seu occidentalium regionum provincias, loca et civitates, die viel mehr in sich schließen, entsprechen kann. Wenn nun Luitprands Worte nicht als Allusion auf die erdichtete Urkunde betrachtet werden können, [76] so ist das bei den Worten Hadrians noch viel weniger der Fall, und da bis zu Leo IX. kein Papst mehr dies Dokument anführt und es sonst mehr im Frankenreiche benützt wird, [77] so ist es nicht mehr sehr wahrscheinlich, daß dasselbe in Rom unter den Augen der Päpste zu den angeführten Zwecken erdichtet ward. Doch es würde uns zu weit führen, wollten wir noch weitere Gründe gegen diese Hypothese anführen. [78] Keinesfalls hätte diese Constantinische Donationsurkunde bis zum eilften Jahrhundert großen Einfluß; selbst Gregor VII. hat sich nie auf dieselbe berufen (S. 227). Wenn es dann nachher Innocenz III. und Gregor IX. thaten (S. 233. 234), so hatte das den Griechen gegenüber keine so große Bedeutung mehr. Vieles, was man aus der Urkunde abgeleitet, konnte man auch anderswoher beduciren; die Späteren waren in ihren Citationen sicher bona fide, nachdem das Dokument einmal allgemein für ächt gehalten, und durch Gratians Dekret allgemein verbreitet ward. Erst Laurentius Valla wies die Unächtheit nach und mit ihm der Bischof Reginald von Chichester. [79] Aber, wie uns versichert wird (S. 242. 243), für die streng päpstlichen Theologen war „der von Valla

---

73) Baronius kannte verschiedene und abweichende lateinische Exemplare derselben. Vgl. ad a. 315. 324.

74) Baron. a. 324 n. 27; a. 785.

75) Luitpr. Legat. c. 17.

76) Döllinger a. a. O. S. 77.

77) Das. S. 76.

78) Das geschah, wie früher den Gosselin a. a. O. Bd. II. S. 419—421, so vor Kurzem in der römischen Civiltà cattolica Nr. 339 vom 7. Mai 1864.

79) Döllinger a. a. O. S. 104.

und Anderen geführte Streich gegen ihr festestes (?) Bollwerk in die Luft gethan." Dabei werden als Beleg statt der bei Döllinger [80]) angeführten Canoniſten und Legiſten vier Theologen des vierzehnten Jahrhunderts an= geführt, die von der Kritik des im fünfzehnten Jahrhundert geborenen und verſtorbenen Valla doch noch nichts hatten profitiren können. Die koſtbare Urkunde aber, um die es ſich hier handelt, erſcheint als ein herrliches Pa= radepferd, das von einem erfahrenen und gewandten Reiter geritten, in der impoſanteſten Poſitur die großartigſten Bewegungen und Sprünge machen kann und für ſich allein die Kunſtſtücke ausführen zu können ſcheint, für die man ehedem das ganze Heer ſämmtlicher pſeudo=iſidoriſcher Dekretalen in Anſpruch genommen hat. Auf die weltliche Souverainetät der Päpſte hier zurückzukommen, iſt nach dem früher (Art. II) Geſagten kaum nöthig. Wenn aber die ſchismatiſchen Griechen, wie Helias Meniates (S. 483. 485), die weltliche Macht des Papſtes als abſolut verwerflich bekämpfen, ſo überſehen ſie zugleich, daß einerſeits viele gefeierte Koryphäen des Schisma, wie Mi= chael Cärularius (S. 260. § 8), obſchon erfolglos, nach einer ſolchen ſtreb= ten, ſowie daß andererſeits die von den Türken den byzantiniſchen Patriar= chen ertheilte weltliche Gewalt (S. 424.), durch welche die Gläubigen in einer wahrhaft empörenden Weiſe bedrückt werden (S. 428. 442), ungleich größere Bedenken gegen ſich hervorrufen muß.

b) Daß der Papſt als die Quelle aller geiſtlichen Jurisdiktion darge= ſtellt ward, hat inſofern Grund, als der Nachfolger Petri als Fundament der Kirche gleich dem Apoſtelfürſten und mit der Fülle der apoſtoliſchen Ge= walt ausgeſtattet erſcheint, eben durch Petrus, deſſen Würde, wie Leo der Große [81]) ſagt, auch in einem unwürdigen Erben nicht ſchwindet. Damit ſoll nicht geläugnet werden, daß Chriſtus die oberſte und höchſte Quelle aller kirchlichen Gewalten iſt, daß die ſakramentale Weihe unmittelbar von Gott ſtammt, daß neben dem Oberhaupt der Geſammtkirche auch die Vor= ſteher der Einzelkirchen eine jurisdictio ordinaria beſitzen, nicht bloße De= legaten und Vikarien des Papſtes ſind. Der einzelne Menſch, heiße er Leo, Innocenz oder Pius, iſt nicht als ſolcher fons jurisdictionis, ſondern als Nachfolger Petri, Statthalter Chriſti, als Inhaber der „cathedra, unde sa= cerdotalis unitas exorta est".

Kaum finden ſich nach dieſer Seite hin ſtarke Ausdrücke in den Brie= fen der Päpſte von Leo IX. bis Leo X., die nicht ſchon bei Leo I. und den anderen älteren Päpſten ſich fänden, ſo daß, wer jene tadelt, auch dieſe ta= deln muß. So ſagt Leo der Große am vierten Jahrestage ſeiner Thron=

---

80) Daſ. S. 104—106.
81) Leo M. Sermo 5. de natali suo c. 4.

besteigung: „Aus der ganzen Welt wird der Eine Petrus erwählt, der so=
wohl der Berufung aller Völker, als allen Aposteln und allen Vätern der
Kirche vorgesetzt werden sollte, auf daß, obgleich bei dem Volke Gottes viele
Priester und viele Hirten sind, Petrus sie alle dennoch eigentlich (proprie)
regiere, welche als oberstes Haupt auch Christus regiert [82])". Und in der
Rede auf das Fest des Petrus: „In Petrus wird die Stärke Aller befestigt
und der Beistand der göttlichen Gnade dergestalt geordnet, daß die Festig=
keit, die durch Christus dem Petrus verliehen wird, durch Petrus den
Aposteln mitgetheilt werde [83])" Und schon vor Leo schrieb Boni=
faz I. an den Erzbischof Rufus von Thessalonich: „Die Gründung der neu
entstehenden Kirche nahm von Petrus ihren Anfang; auf ihm beruht ihre
Regierung und ihr höchster Inbegriff. Denn von ihm, als der Quelle,
ist bei dem Wachsthum der Gottesverehrung die kirchliche Ordnung ausge=
flossen über alle Kirchen." [84]) Diese Zeugnisse, denen noch viele ähnliche
entsprechen, haben für die, welche die eigenen Aussprüche der Päpste als gut
beweisend anerkennen, wie unser Autor erklärt (S. 145. §. 70), sicher ihr
Gewicht und Dr. Pichler hat nicht wenige nachdrückliche Zeugnisse für den
Primat zusammengestellt, meistens sehr gut gewählt; nur über einige machte
er Bemerkungen, die wir nicht unterschreiben können, die aber der Aufmerk=
samkeit besonders der Dogmatiker empfohlen zu werden verdienen; da man=
ches Begründete darin liegt und Vieles Anlaß geben kann, die dogmatische
Beweisführung besser zu präcisiren.

c) Ganz besonders aber ist es die Lehre von der päpstlichen Unfehl=
barkeit, die bei den Griechen das größte Aergerniß erregt (S. 360). Der
Verfasser führt (S. 189. 100) die von den Legaten Hadrians II. den grie=
chischen Bischöfen zur Unterschrift vorgelegte Formel an, und sagt dann:
„Diese schon von Nikolaus aufgesetzte Formel ging allerdings weiter als
bisher irgend eine päpstliche Prätension gegangen war". Aber mußte
denn Hr. Dr. Pichler nicht, daß diese Formel viel älter ist, daß sie schon
von Papst Hosmisdas [85]) und zwar mit unwesentlichen Abweichungen
und ganz mit den besonders incriminirten, die päpstliche Infallibilität aus=
sprechenden Worten in den Orient gesandt und von der Mehrzahl der Bi=
schöfe, auch von dem Patriarchen Johannes II., und späteren Prälaten unter
Justinian unterschrieben worden war, [86]) wie auch von Gallikanern [87]) zu=

[82]) Leo M. serm. 4 in anniv. assumt. Baller. I. p. 16.
[83]) Id. Serm. 83. in nat. S. Petri c. 3. l. c. p. 332.
[84]) Bonif. I. ap. Coustant. Epist. Rom. Pont. p. 1037.
[85]) Baron. a. 519 n. 47. Mansi VIII. 451.
[86]) Justini I. ep. ad Horm. Mansi l. c. p. 456.
[87]) Defensio declarationis Cleri gallicani P. III. L. X. c. 7.

geftanden wird? Und ift diese Thatsache, sowie die von den Vätern des achten Concils geleiftete Unterschrift, deßhalb minder bedeutend, weil nachher Reklamationen und Beschwerden erfolgten? Wiederum sagt Dr. Pichler (S. 194. §. 19): „Zuletzt brachte Nikolaus (in der Antwort an die Bulgaren) noch das beliebte Kapitel von der unbefleckten Jungfräulichkeit des Römischen Stuhles, auf welchem Petrus fortlebe, dessen Glaubensbekenntniß der Herr selbft approbirt habe". Von den zwei in Note 6 hiezu angeführten Sätzen ift der erfte wörtlich aus dem heiligen Petrus Chrysologus, Erzbischof von Ravenna,[88]) der die Worte hat: quoniam beatus Petrus, qui in propria sede et vivit et praesidet, praestat quaerentibus fidei veritatem und der zweite entspricht ganz dem, was frühere Päpfte in ihren Dekretalen, was der afrikanische Bischof Possessor im Briefe an Hormisdas, was Hieronymus im Briefe an Damasus längft schon sagten. Sind diese in den Papftbriefen und Väterschriften so häufig vorkommenden Worte schon anftößig, so find es noch mehr diejenigen, welche dem Papfte die sonft der römischen Kirche zugeschriebene Glaubenseinheit persönlich beilegen, wozu im Grunde auch die angeführten Worte des Chrysologus gehören; denn der Petrus, der auf seinem Stuhle fortlebend den Suchenden die Wahrheit des Glaubens gibt, ift kein anderer als der Papft. Als die erfte Aeußerung dieser Art wird uns aber wiederholt (S. 201. N. 3. S. 256. 546) der Ausdruck Stephan's V. oder VI. vorgeführt, der an Kaiser Basilius über den Papft Marinus schrieb: „Wer ift derjenige, der gegen den untadelhaften (unbefleckten) Bräutigam und Priefter und gegen die Mutter aller Kirchen zu reden wagt?" Ich meinerseits glaube, daß die Stelle[89]) gar nicht hieher gehört. Stephan vertheidigt seinen Vorgänger gegen fittliche Anschuldigungen; er hat die fittliche Integrität des Mannes im Auge, der als Bräutigam seiner Kirche und Bischof tabellos war, ἀσπιλητος. Gegenüber dem, qui adversus Marinum pures (imperatoris) contumeliis maculavit, wird Marinus als immaculatus bezeichnet.[89]) und unbefleckt (es heißt nicht: in fide) ift nicht unfehlbar.

Es ift hier nicht der Ort, auf die theologische Doktrin von der Unfehlbarkeit des Papftes, der „ex cathedra" spricht, näher einzugehen; diese Doktrin, die Leo IX. (S. 256) auch, nach unserem Autor nicht zuerft ausgesprochen hat und die nicht blos in den späteren schismatischen Patriarchen,

---

[88]) Ep. ad. Eutych. c. 2. (ep. 25 inter Leonis M. Opp. t. I. p. 743. ed. Migne.)

[89]) Der griechische Text des Briefes fteht bei Manfi XVI. p. 420—426, im Auszuge; der lateinische bei Manfi XVIII. 11—13 ift bloße Ueberfetzung des Auszugs.

[90]) Vgl. Baron. a. 855 n. 10.

3

die dasselbe Privilegium beanspruchen (S. 361), sondern schon in Photius[91])
und Cärularius[92]) ihr Seitenstück gefunden zu haben scheint, ist von den
Einen wie von den Andern oft ganz falsch aufgefaßt worden. Aber soviel
möge erinnert werden, daß diese Doktrin keineswegs als absurd, als aller
Fundamente entblößt auch gebildeten Laien[93]) erschienen ist. Wenn der Papst
nach reiflicher Erwägung und Berathung, sei es mit seinem Presbyterium,
sei es mit seinen Cardinälen und Theologen, nach feierlichen Gebeten und
nach Anrufung des hl. Geistes, mit Berufung auf seine Eigenschaft als
Oberhaupt und Lehrer aller Gläubigen eine dogmatische Frage entscheidet,
seinen Ausspruch entweder allen Gläubigen als Norm proponirt oder den
Widerspruch dagegen mit dem Banne belegt, Bedingungen, die weder bei
Liberius noch bei Honorius, die man so oft anführt, nachgewiesen werden
können: so erscheint es als undenkbar, daß er hier einen irrigen Ausspruch
erlassen könnte, da Christus ganz allgemein, ohne eine Ausnahme zu statui-
ren, zum Gehorsam gegen Petrus, also auch seinen Nachfolger, verpflichtet
hat und da dem Privaten kein Gericht über seine Oberen zusteht, in keinem
Falle aber eine Verpflichtung zur Annahme einer Unwahrheit als von Gott
sanktionirt betrachtet werden kann. Da nun auch die Väter sagen, eben-
sowenig als die Kirche selbst sei das Fundament derselben, die petra, durch
die Pforten der Hölle zu erschüttern,[94]) da das silentium obsequiosum der
Jansenisten die reinste Heuchelei autorisiren, das inappellable Gericht in
Sachen des Glaubens zur pursten Gewissens-Tyrannei führen würde, nachdem eine Appellation an ein künftiges allgemeines Concil, das ohnehin zur
Zeit der Berufung judex nondum existens, ergo juridico nullus ist, kirchen-
rechtlich verboten ward, so haben die Theologen viele und gewichtige Gründe,
um die Irreformabilität und Irrthumslosigkeit der ex cathedra gegebenen
päpstlichen Entscheidungen zu verfechten.[95]) Und wenn nun diesen Theologen entgegen gehalten wird, „sie mögen wohl zusehen, ob sie nicht hiemit
der Kirche den Vorwurf zuziehen, sie sei ebenso von ihrer Tradition abge-
fallen, wie die Griechische Kirche durch die Verwerfung des Primats" (S.
547), so könnten sie entgegnen, daß sie sich gerade auf traditionelle Zeugnisse

---

91) Phot. ep. 2 encycl. n. 2. sagt schon, Constantinopel gieße die reinen Quellen
der orthodoxen Lehre über die ganze Welt aus und seine Worte, obschon zunächst sich
auf die byzantinischen Missionen beziehend, deuten jedenfalls Byzanz als Hauptsitz der
Orthodoxie an.

92) Caerul. Edict. syn. p. 157 wiederholt die Worte des Photius.

93) S. Beidtel das kan. Recht. S. 511 ff. Phillips KR. I. §§ 80. 81.

94) Aug. Ps. e. part. Donati: Petri sedes ipsa est petra, quam non vincunt in-
ferorum portae. Aehnlich Origenes, Leo d. Gr. u. Af.

95) Vgl. Bellarmin, Orsi, Ballerini, Litta u. A.

ftützen und jenen Vorwurf nicht zu fürchten haben; daß vielmehr die Oppo=
nenten — die da zugeben müffen, daß jene ihnen fo verhaßten Grundfäße von
Leo IX. bis Leo X. die herrfchenden waren (S. 255), daß die große
Mehrzahl der Theologen den Grundfäßen des Cardinals Torrecremata er=
geben blieb (S. 252. 253), wenn auch Nikolaus von Cufa (S. 250. 252),
diefer mehr geiftreiche als confequente Denker, anderer Meinung war, daß
diefe Lehre, die Suarez [96]) als veritas catholica, Benedikt XIV. [97]) als
ubique recepta bezeichnet, noch jeßt in dem am ftärkften verbreiteten Com=
pendium der Dogmatik und auch bei den unirten Griechen vorgetragen wird
(S. 547. N. 2 u. 1) — offenbar in größerer Gefahr ftehen, das quod vere
catholicum zu verlieren und mit den Proteftanten und Janfeniften eine
allgemeine Verfinfterung der Kirche durch das ganze Mittelalter anzunehmen,
aus der nicht einmal das Licht des 19. Jahrhunderts fie hätte befreien kön=
nen, zumal da noch Pius IX. die Entfcheidungen feines Stuhles mit denen
der allgemeinen Concilien auf eine Linie ftellt und auch das im „ordentlichen
Lehramt" der Kirche beharrlich Vorgetragene als bindende Norm erklärt.[98])

Der durch viele Prahlereien und Unwahrheiten (vgl. S. 536) be=
kannte Grieche Pißipios erzählt uns ein Hiftörchen, das fich 1854 in Rom
zugetragen haben foll, aus Anlaß der Definition der unbefleckten Empfäng=
niß Maria's, die den Schismatikern befonders ein Dorn im Auge ift (S.
31. 551), obfchon die orientalifchen Väter in ihren Homilien nicht wenige
Aeußerungen vorbringen, die diefer Lehre fehr günftig find. Der Vorfchlag
eines Cardinals, damals die päpftliche Unfehlbarkeit zu definiren, foll an
dem Proteft zweier Bifchöfe gefcheitert fein (S. 496. § 38). Bifchöfliche
Theilnehmer diefer ehrwürdigen Verfammlung haben uns verfichert, daß
nichts der Art vorkam, daß aber nicht wenige Bifchöfe der Meinung waren,
jene Doktrin fei implicite angenommen und als Vorausfeßung fanktionirt.
Die Römer könnten argumentiren: „Bifchöfe, felbft Provinzialfynoden hatten
den Päpft um jene Definition gebeten, fich im Voraus zur Annahme jeder
Entfcheidung verpflichtend; die nicht in Rom anwefenden fprachen ihre Ab=
häfion in der Art aus, daß fie nicht etwa, weil fie die Bulle nach ihrer

---

[96]) Suar. de fide Disput. V. sect. 8.
[97]) Ep. ad Inquis. gen. Hispan. a. 1748.
[98]) Lit. ap. ad AEp. Mon. 24. Dec. 1863. Etiamsi ageretur de illa subjectione,
quae fidei divinae actu est praestanda, limitanda tamen non esset ad ea, quae expressis
oecumenicorum Conciliorum aut Rom. pontificum hujusque Sedis Apost. decretis de-
finita sunt, sed ad ea quoque extenda, quae ordinario totius ecclesiae magiste-
rio divinitus revelata traduntur, ideoque universali et constanti consensu a cath. Theo-
logis ad fidem pertinere retinentur.

3*

Prüfung als richtig befunden, sondern wegen der Autorität des hl. Stuhles ihr mit ganzer Seele anhängen; der Papst sprach die Definition nomine proprio aus und belegte jeden Renitenten, welcher Würde er auch sei, mit dem Banne. Aehnliches geschah in Sachen der Jansenisten und die Theologen haben es gerechtfertigt. Ist die Entscheidung ex cathedra dem Irrthum unterworfen, dann haben wir auf Seite der Päpste die größte Anmaßung, auf Seite der Bischöfe, die hätten widerstehen sollen, die größte Feigheit, auf Seite der Theologen die ärgste Servilität. Prinzipios könnte sich diese Consequenzen gefallen lassen, aber Andere doch nur schwer." Möchte man wenigstens Achtung und Duldung einer Lehre an den Tag legen, welche die Majorität der Theologen vertreten hat und noch vertritt, und die wenigstens nicht mit ein paar Federstrichen aus dem Felde geschlagen wird. Selbst solche, welche diese Doktrin nicht in ihrem ganzen Umfange acceptiren, werden ihr geneigt, sobald sie dieselbe taktlos und unwürdig angegriffen sehen.

IV.

Indem Hr. Pichler den Grund angeben will, weßhalb die bisherigen Unionsbemühungen nicht zum gewünschten Ziel, sondern nur zur Vergrößerung des Risses geführt haben, bemerkt er (S. 4. §. 5): „Jede Partei bewegt sich in dem Cirkel ihres eigenen Ich; keine ist geneigt, von dem Ihrigen auch nur das Geringste abzulassen", und er sagt ferner (S. 5): „Die Theologie versteht nicht zwischen Persönlichem, Vorübergehendem, und zwischen Bleibendem, Sachlichem und Berechtigtem zu unterscheiden."

Die Kirche und die Theologie unterscheiden zunächst zwischen Sachen des Dogma und der Moral und zwischen Sachen der Disciplin und des Cultus. Erstere fordern Einheit und Invariabilität, letztere lassen Verschiedenheiten und Veränderungen zu. Erstere sind für beide Theile gleich unantastbar;[99] ein Aufgeben eines Dogma, eine Abtretung einer Lehre, wie sie Cyrillus Lukaris (S. 468) von der römischen Kirche zu fordern schien, indem er die Verweigerung beklagte, ist unmöglich; die, wie Pichler (S. 360) sagt, „nicht ganz unbilligen" Vorschläge Barlaams waren

---

[99] Vgl. Phot. ep. 1 ad. Mich. Bulg. n. 21 Amph. ap. Mai Nov. Coll. IX. 103. Auch nicht μίαν συλλαβὴν ἢ μίαν κεραίαν, heißt es, dürfen wir von unseren Dogmen und Canonen aufgeben. Vgl. Acta Patriarch. Opl. t. I. Doc. 234. p. 491. ed. Vindob. 1860.

unannehmbar, die unter Anderem gefordert ward, es solle bezüglich des Filioque jede Partei annehmen, was sie wolle und keine die
andere verdammen (S. 359); ebenso wenig wäre es wohl möglich,
wie 1782 Bartholett wollte (S. 526), das Filioque mir als „veritas theologica", nicht als Dogma zu behandeln (nachdem die Griechen es
für Häresie erklärt, das Abendland es dogmatisch definirt und auch die veritas theologica nicht ungestraft angefochten werden kann),[109] sowie den
Jurisdiktions-Primat Roms, anstatt nach den Meinungen der römischen
Theologen, nach der „Praxis beider Kirchen in den ältesten Zeiten" (was
das in der Blüthezeit des Febronianismus zu bedeuten hatte, ist bekannt)
zu bestimmen. Protestanten könnten eine Union auch mit Preisgebung oder
Hintansetzung der Lehre vom Ausgange des heiligen Geistes eingehen (S.
527), nicht so die Katholiken, noch auch nach ihrem Standpunkte die Orientalen. Diese haben zunächst nur die sieben ökumenischen Synoden als bindende Norm, abgesehen von den späteren symbolischen Schriften, in denen
übrigens die schismatischen Theologen in vielen Materien, namentlich in der
Lehre von den Sakramenten, die lateinische Theologie vielfach benützt haben;
die Lateiner hatten noch viele andere ökumenische Synoden, die sie trotz der
Nichttheilnahme griechischer Patriarchen (S. 256) und bei der sicher nicht
maßgebenden, an innerer Schwäche leidenden Patriarchentheorie, auch nach
den bei Gelegenheit der siebenten Synode in den drei orientalischen Patriarchaten (S. 138. § 60) ausgesprochenen Grundsätzen für wahrhaft ökume-
nisch halten konnten; die Lateiner hatten weitere dogmatische Normen und
konnten sie nicht hinwegräumen. Bereits auctoritativ entschiedene Lehr-
punkte konnten und durften sie nicht mehr in Zweifel ziehen lassen und Ur-
bans V. Erklärung von 1370 (S. 5) steht mit allen Grundsätzen der Kirche
in Einklang; es war für ihn derselbe Fall wie im fünften Jahrhundert unter
Kaiser Leo I. und dessen Nachfolgern, wo es sich um Retraktation des zu Chalcedon Beschlossenen handelte, wie später bei den Unionsversuchen zwischen Katholiken und Protestanten, wo bei den Verhandlungen von Leibnitz und Mo-
lanus mit Bossuet die Abschaffung des Tridentinums zur Sprache kam. Das
Dekret von Florenz kann und wird die römische Kirche nie aufheben, es muß
die Basis aller folgenden Unionsversuche sein.

Dagegen gibt in Sachen der Disciplin und des Cultus die römische
Kirche Alles nach, was ohne Verletzung von Dogma und Moral zugestanden werden kann. Während hierin Rom stets die größte Toleranz be-

[109] Man vgl. das Note 98 angeführte päpstliche Schreiben und die älteren
Dogmatiker.

wies [101]) und über die Verschiedenheiten der Gebräuche hinwegsah, hat man
griechischerseits selbst die unbedeutendsten Differenzen, wie das Bartscheeren
der lateinischen Geistlichen, zu Häresien gestempelt; während die lateinischen
Theologen die gleichmäßige Gültigkeit der Consekration mit gesäuertem oder
ungesäuertem Brode fortwährend lehrten, worin die besonneneren bei By=
zantiner ihnen beipflichteten, haben die orientalischen Fanatiker sogar auf
Synoden das lateinische Meßopfer wegen des ungesäuerten Brodes für nich=
tig erklärt (S. 321. 330); während jene die Taufe mit einer einmaligen
oder dreimaligen Immersion oder mittelst Aspersion als gleichmäßig gültig
betrachteten, haben jene ihren Gebrauch als den allein gültigen proklamirt;
während Jene nie die besonderen Fasten der römischen Kirche den Griechen
oder neubekehrten Völkern aufdrangen, haben diese das Unterlassen der bei
ihnen üblichen Fasten als schwere Sünde bezeichnet; während Jene den
Griechen ihre Priesterehe gestatteten, haben diese, uneingedenk der Aussprüche
ihrer eigenen Väter, den Cölibat des römischen Clerus zur Zielscheibe der
ungemessensten Angriffe gemacht; während Rom den durch Usurpation und
Gewaltthat herbeigeführten Vorrang von Constantinopel vor den anderen
Patriarchaten und die zweite Stelle nach Rom zuzugestehen bereit ist,[102]) hat
man von Seite des Schisma selbst den im orientalischen Alterthum bezeugten
und anerkannten Primat verläugnet, verhöhnt und bekämpft, ja sogar zu
einer Häresie gemacht (vgl. S. 469). Und dieser Fanatismus der Zeloten
des Schisma oder (um mit Pichler S. 209 zu reden) der radikalen anti=
römischen Partei hat sich dermaßen die Oberhand verschafft, daß nur wenige
hervorragende Geister unter den Griechen seiner Beeinflussung sich entziehen
konnten.

In der That, Rom hat griechischem Dünkel und fanatischer Intoleranz
gegenüber in Bezug auf Disciplin und Cultus Alles zugestanden, was zu
verlangen war, und Pichler bemerkt (S. 527. § 35), in Bezug auf die
allgemeine Anerkennung des griechischen Ritus dürfte nach der entschiedenen
Erklärung Benedikts XIV. kaum mehr ein Bedenken erhoben werden. Aber
derselbe hat sich gleich im Eingange seines Buches (S. 5. § 5) anheischig
gemacht, unwiderlegbar zu beweisen, daß man von Seite des Abend=
landes, insbesondere der römischen Kirche, oft genug den Ritus der
Orientalen angegriffen hat. Die Beweise sind nicht zusammen=

---

101) Schon der Erlaß Nikolaus I. ad consulta Bulgarorum (Mansi Conc. XV,
401. seq. Jaffé Reg. p. 249) liefert davon, und zwar im Gegensatze gegen die Forderun=
gen der damaligen Griechen (vgl. ib. c. 6. 43. 54. 55. 57), die klarsten Belege.
102) Conc. VIII. c. 21 (Gratian c. 7. d. 22) Conc. Later. IV. (c. 23. de priv. V.
3) Florent. Decr. un. § 9.

gestellt, sondern über das Buch hin zerstreut; wir müssen sie also zusammen=
suchen. Wie beweist nun Pichler seine Thesis?

Leo III. hatte auf das sorgsamste, namentlich den Abgeordneten der
Synode von Aachen gegenüber, Alles vermieden, was die Byzantiner irgend
wie verletzen konnte; auch den wiederholten Aufforderungen des Stubiten
Theodor zum Einschreiten gegen Nicephorus gab er kein Gehör, und erst
spät und stufenweise ließ die römische Kirche sich zur Annahme des Zusatzes
im Symbolum bewegen. [103]) Nirgends griff man aber den griechischen Ritus
an. Bis zu Leo IX. findet sich keine Spur eines solchen Angriffs. Dieser
Papst schrieb an Cärularius: „Siehe, um wie viel hierin die katholische
Kirche gemäßigter und discreter ist als ihr! Innerhalb und außerhalb Roms
finden sich viele Klöster und Kirchen der Griechen, von denen keines an der
Ausübung der ererbten Tradition oder seiner Gewohnheit gehindert wird,
vielmehr wird ihnen deren Beobachtung angerathen und eingeschärft. Denn
die römische Kirche hat nicht die Animosität der gottlosen Häresie, die sich
stets an der Spaltung freut, indem sie durch die kindermörderische Buhlerin
ruft: Weder mir noch dir soll das Kind gehören, sondern getheilt werden
(III. Kön. 3, 26), sondern mit der Liebe einer wahren Mutter fleht sie zu
Salomon: „Ich bitte, o Herr, gebt dieser das Kind lebendig und lasset es
nicht tödten." Denn sie weiß, daß dem Heile der Gläubigen die nach Ort und
Zeit verschiedenen Gewohnheiten nicht entgegenstehen, wenn Ein Glaube,
der durch die Liebe das Gute wirkt, das er vermag, Alle dem Einen Gott
empfiehlt." [104]) Diesen edlen Grundsätzen blieben auch Leo's Nachfolger treu
und oftmals haben sie diese Achtung vor den alten Riten und Gewohnheiten
der Orientalen an den Tag gelegt. In Unteritalien minderte sich seit der
normännischen Eroberung die Zahl der Griechen bedeutend und doch wurden
die Bischofssitze noch mit griechischen Geistlichen besetzt. Da nun der Clerus
des Volkes wegen da ist, nicht das Volk wegen des Clerus, der lateinische
Ritus aber im römischen Patriarchate der überwiegende war, so war es
durch die Umstände gerechtfertigt und keineswegs eine Gehässigkeit gegen die
Griechen (S. 283), daß 1096 ein vom Papste bestätigter Beschluß einer
Synode den Vorzug der Lateiner vor den Griechen aussprach. Ganz richtig
war es also auch, daß am 16. August 1585 allgemein angeordnet ward,
an jenen Orten Italiens, wo blos noch die Priester Griechen waren, aber
nicht mehr das Volk, sei der lateinische Ritus einzuführen (S. 513). Cöle=
stin III. verbot in dem Bestreben, jeden Ritus in seiner Integrität zu erhal=

---

103) Vgl. J. Chr. Amadutii Praef. ad Henricum Card. Eborac. ante Stephanopuli
edit. Demetrii Pepani Romae 1781. t. I. p. VI.

104) Leo ep. 1 ad Caerul. c. 29. p. 81 ed. Will.

40

ten, die Vermischung der Riten: namentlich bezüglich der Ordinationen, [95]) wie sie in Calabrien vorgekommen waren. Daß Lateiner promiscue bei griechischen und lateinischen Priestern die Sakramente empfingen (S. 515), war eine permixtio rituum und konnte nur zu vielen Uebelständen führen, weßhalb auch noch im sechzehnten Jahrhundert in Italien dagegen einge- schritten ward. Innocenz III. ordnete in dem gleichen Interesse an, daß für die Gläubigen verschiedener Riten durch Geistliche derselben gesorgt und für Diöcesen von solcher gemischten Bevölkerung ein eigener Generalvikar desjenigen Ritus, dem der Bischof nicht angehört, bestellt werde. [106]) Der- selbe Papst nahm sich nach der Eroberung Constantinopels der nicht der Hartnäckigkeit im Schisma schuldigen Bischöfe an (P. S. 317. N. 2), ordnete die Aufstellung griechischer Bischöfe in rein griechischen Kirchen an, wollte bis zu weiterer Entscheidung durch den lateinischen Patriarchen keine Gewalt angewendet wissen, um die Griechen von ihren Gebräuchen abzu- ziehen (S. 417. 418). Er sagt ganz bestimmt: Licet graecos ad obedien- tiam Sedis apostolicae revertentes fovere ac honorare velimus, mores ac ritus eorum, in quantum cum Domino possumus, sustinendo, in his tamen illis deferre non volumus nec debemus, quae periculum generant animarum et ecclesiasticae derogant honestati. [107]) Es hatten sich aber längst bei den Griechen Mißbräuche und Cor- ruptelen eingeschlichen, die keineswegs vom christlichen Alterthum über- liefert waren; [108]) manche spätere Griechen sahen das oft recht gut ein (vgl. S. 418. § 18). Darum konnte der Papst nicht alle und jede Riten approbiren, in der Art, wie sie vorgefunden wurden, und ins- besondere reprobirte er das Wiedertaufen der Lateiner und das Abwaschen der Altäre, auf benen lateinische Priester celebrirt (S. 319). Die lateinischen Bischöfe waren natürlich zuverläßiger als die Griechen; wenn aber die grie- chischen Bischöfe auf der seit 1191 von den Lateinern beherrschten Insel Cypern dem lateinischen Metropoliten den Obedienzeid ("nach Art der Va- sallen," sagt Pichler S. 319. § 4) leisten sollten, so war das nur der herrschenden Disciplin gemäß. Für dieselbe Insel Cypern wollte Gregor

95) c. 9. de templ. ordin. I. 11.

106) c. 14 de off. jud. ord. I. 31. Bened. XIV. de Syn. dioeces. L. II. c. 12. n. 5, seq.

107) c. 6 de bapt. III. 42. Vgl. Nicol. III. apud Rayn. a. 1278 n. 8. eorum ritibus, de quibus Sedi apost. visum fuerit, quod per eos cath. fidei non laedatur in- tegritas.

108) Mehrere derselben finden sich bei C. Fr. a Breno Manuale missionariorum Venet. 1727 vol. II. und Philipp a Carboneano in den Zusätzen zu Antoine's theologia morallis P. II. Venet. 1775 verzeichnet.

IX. den Gebrauch der griechischen Corporalien (Antimensien) den Lateini=
schen Geistlichen untersagt wissen (S. 323. § 10); ganz dem Grundsatz
gemäß: Ne fiat rituum permixtio.[109] Aber dieser Papst wollte auf der
Insel Cypern mit Gewalt das Griechische Christenthum ausrot=
ten. Dem lateinischen Metropoliten hatte er den Auftrag gegeben, allen
ihm unterworfenen Bischöfen einzuschärfen, in ihren Diöcesen keinen
Griechischen Priester celebriren zu lassen, wenn er nicht zuvor
öffentlich der Römischen Kirche Gehorsam geschworen und alle Häresie,
namentlich die der Verwerfung der Azyma, verdammt hätte." So Pichler
S. 331. § 16. Aber hierin können nur diejenigen das Bestreben, "das
Griechische Christenthum auszurotten," erblicken, denen griechi=
sches Christenthum und griechisches Schisma identisch sind. In
der That, wenn man nicht auf die leitenden Principien, wie sie die Päpste
in ihren Dekretalen aussprachen,[110] Rücksicht nehmen will, kann man aus
den einzelnen Stellen alles Mögliche deduciren, zumal wenn man mit der
Interpretation der Worte nicht nach den Regeln der Hermeneutik und nach
Maßgabe des canonistischen Sprachgebrauchs verfährt. So berechtigen die
Worte des Papstes Nikolaus III., die Einheit des Glaubens gestatte keine
Verschiedenheit "in professionibus suis",[111] nicht zur Auslegung, der
Papst habe den vollständigen Anschluß der Griechen an die Lateiner "auch
im Ritus" verlangt; denn hier ist blos vom Glaubensbekenntniß die
Rede und bezüglich der Riten folgt später die Anerkennung der dem katho=
lischen Glauben nicht zuwiderlaufenden Gebräuche. Dasselbe mußte sich
aber auch Innocenz III. gefallen lassen, aus dessen Worten: pallium de
corpore B. Petri sumptum, sine quo patriarchale officium exerceri
rite non potest, ab Apostolica Sede requirat, nachdem rite durch gül=
tig übersetzt ward, sofort (S. 304. 305) der Schluß gezogen wird: "Mit
diesem Verlangen waren auf einmal, im direkten Widerspruche mit der vier=
ten und achten allgemeinen Synode, alle Griechischen Patriarchen für un=
rechtmäßig erklärt, die Selbstständigkeit ihrer Stühle angegriffen und
ihre Würde nicht mehr von Petrus, sondern unmittelbar von der Gnade des
Papstes abgeleitet." Allein 1) ist rite hier nicht gleichbedeutend mit valide,
gültig; ein rite promotus ist der nach allen bestehenden Gesetzen, in ge=
höriger Weise Erhobene; die Phrase, die Innocenz braucht, war eine stehende,
im Occident allgemein übliche. 2) Rom mußte darauf bedacht sein, bei

---

[109] Vgl. darüber Benedikts XIV. Constitution v. 29. März 1751. § 1—6. 10.
[110] Ich habe dieselben zusammengestellt im Archiv für kath. Kirchenrecht von Moy
und Bering. Jahrg. 1862. Bd. VII. S. 176—200.
[111] Raynald. a. 1278. n. 8. Pichler S. 347. N. 5.

jeber Gelegenheit die gelösten Bande der Einheit wieder zu befestigen; als ein Mittel hiezu galt auch das Pallium, das als Zeichen der hohenpriester= lichen Gewaltfülle stets im Abendlande betrachtet wurde [112]) und auch früher an Bischöfe des griechischen Ritus, wenn auch unter Roms Patriarchaljuris= biktion, wie von Gregor dem Großen [113]) an die Erzbischöfe von Achriba, Korinth und Epirus, verliehen worden war. Wie wenig Innocenz daran dachte, die im achten Concil can. 17 den Patriarchen zugestandene Befugniß der Ertheilung des Palliums an die ihnen untergebenen Bischöfe zu beseiti= gen, zeigt der Umstand, daß er den orientalischen Patriarchen dieses Recht ausdrücklich zugestand [114]) und sogar den Erzbischof von Patras, der sich deßhalb an ihn gewendet, an den Patriarchen von Constantinopel wies. [115]) 3) Unser Autor berichtet aus Luitprand, [116]) daß der Papst den Patriarchen Theophylaktus und seine Nachfolger zum Tragen des Palliums ohne weitere päpstliche Erlaubniß autorisirte (S. 210). Wenn er den Bericht des Luit= prand gelten läßt, so muß er zugestehen, daß schon vorher die byzantinischen Patriarchen von Rom das Pallium erhielten, wie auch Luitprand sagt: Con- stantinopolitanum episcopum pallio non uti nisi sancti patris nostri permissu. Uebrigens wird jener Bericht von Manchen als auf unrichtiger Deutung beruhend betrachtet. [117]) 4) Der Anerkennung des Papstes hatten die orientalischen Patriarchen auch früher bedurft und für sie konnte eine bestimmtere Form festgestellt werden; die Selbstständigkeit der Patriarchen war doch wahrhaftig nicht von der Art, daß sie eine Unterordnung unter den römischen Primat ausgeschlossen hätte. Sobann sind es zweierlei Fragen, woher der Stuhl selbst, und woher unmittelbar der zeitweilige Inhaber desselben seine Würde hat; daß die Patriarchalstühle Rom, Alexandrien und Antiochien von Petrus diese Würde hatten, galt als allgemein anerkannt; [118]) ohne die Anerkennung seines Nachfolgers hatten auch die späteren byzanti= nischen Patriarchen keinen rechtlichen Anspruch auf diese Würde; Roms Dazwischenkunft war sowohl für den Stuhl als für den einzelnen Inhaber

---

112) Vgl. Thomassin de vet. et nov. disc. P. I. L. II. c. 53—57. Phillips KR. V. 2. §§ 240. 241. S. 615 ff.

113) Greg. M. L. II. ep. 23. L. V. ep. 57 L. VI ep. 8.

114) eap. Antiqua 23 de privil. V. 33.

115) Hurter Innoc. III. Bd. III. S. 179.

116) Luitpr. Leg. c. 62. Pertz Mon. G. hist. V. 361.

117) Phillips a. a. O. S. 657. 658. Das Omophorion, das Johann VIII. 879 dem Photius zusandte, war sicher nur ein Ehrengeschenk.

118) Thomassin P. I. L. I. c. 7. n. 11—13. bef. c. 15. n. 2.

desselben rechtlich gefordert, die Patriarchenwürde ist sicher nicht jure divino begründet, wie es Primat und Episkopat sind. [119]

Eine ganz besondere Schwierigkeit aber scheint die bei den Griechen übliche Spendung der Firmung durch einfache Priester gleich nach der Taufe zu bilden, die bis zur zweiten Hälfte des neunten Jahrhunderts von der lateinischen Kirche nie beanstandet worden war. Die von Nikolaus I. nach Bulgarien entsendeten lateinischen Bischöfe firmten die von griechischen Priestern Gefirmten daselbst wieder, nicht aus Unwissenheit oder verkehrter Romanisirungssucht (S. 195. § 20), sondern (wie nachher S. 530. § 35 aus Benedikt XIV. angeführt wird) weil Bulgarien zum römischen Patriarchate gehörte, worin die Priester dieses Recht nicht hatten, sodann auch weil die griechischen Presbyter von dem illegitimen Photius delegirt waren und sich als ordentliche Spender in der Art ansahen, daß sie Bischöfen und Priestern ein gleiches Recht hierin beilegten. Diese Erklärung Benedikts XIV. widerspricht keineswegs, wie hier behauptet wird, der sonst von demselben vertretenen Ansicht, die orientalischen Patriarchen und Bischöfe hätten Facultäten vom päpstlichen Stuhle erhalten bezüglich der Priester und es finde hierin eine ausdrückliche oder stillschweigende Delegation der Priester Statt; denn die bischöfliche Bevollmächtigung wird ja durch die päpstliche Concession nach Benedikt autorisirt. [120] Die päpstliche Dispensation im Allgemeinen, insbesondere die stillschweigende, ist durch das Toleriren des Gebrauches Seitens der mit ihm bekannten Päpste [121] nach den Grundsätzen der Canonisten hinlänglich fundirt und lange noch „kein theologisches Monstrum"; das Concil von Florenz hat die griechische Praxis nicht getadelt und die lateinische Kirche hat, indem sie den Bischof als ordentlichen Spender bezeichnete, die Möglichkeit einer Spendung in außerordentlicher Weise durch delegirte Priester anerkannt, wie schon Gregor der Große die Priester in Sardinien dazu delegirte. [122] Ein allgemeines Verbot der Priesterfirmung ward von den Päpsten nie für die Griechen erlassen, nur für jene, die dem römischen Patriarchate angehörten oder die

---

[119] Ueber die Verleihung des Palliums an orientalische Patriarchen vgl. Benedict XIV. de Syn. dioec. XIII. c. 15. n. 18. 19.

[120] Arcud. Conc. II. de Conf. c. 15. p. 95: Tutissimum est dicere, Graecorum presbyteros per suos Patriarchas et Antistites ejusmodi facultatem a summo pontifice obtinuisse (citirt bei Benedikt XIV. L. VII. c. 9.)

[121] Cujus quidem privilegii praesumptionem inducit ipsamet conniventia et tolerantia Romanorum pontificum, qui praedictum Graecorum morem scientes non contradixerunt, nec umquam illum damnarunt. So Bened. de Syn. Dioec. L. VII. c. 9. p. 3.

[122] Greg. M. L. IV. ep. 26 II. p. 705 ed. Paris.

sonst unter lateinischer Jurisdiktion standen und außerdem stets nur in
ganz bestimmten Fällen findet sich ein solches vor, wie alle Data
erhärten. Innocenz III. (S. 300. § 26) verbot nur den lateinischen
Priestern in Constantinopel die Spendung der Firmung und erklärt dieselbe
für ungültig, da diese keine Autorisation dazu hatten. Innocenz IV. (S.
335. § 19), wie früher Gregor IX. (S. 323. § 10), verbot die Firmung
durch einfache Priester auf der den Lateinern unterworfenen Insel Cypern,
da keine Nothwendigkeit und kein Bedürfniß dazu vorlag, der lateinische
Ritus bereits prävalirte und eine Menge lateinischer Bischöfe vorhanden
war.[123] An allen anderen Orten, wo Rom die griechische Praxis nicht
improbirte, blieb sie auch bei den Unirten fortbestehen. Für die Griechen
in Italien, die unter Roms specieller Jurisdiktion stehen, haben Clemens
VIII. und Benedikt XIV. ebenso die Priesterfirmung abgestellt.[124] Was
Clemens VIII. (vgl. S. 512. § 21) und Benedikt für die Griechen in Italien anordneten, gilt eben nur für diese, und erklärt sich ganz einfach aus
den kirchenrechtlichen Grundsätzen im römischen Patriarchat und in den
Diöcesen lateinischer Ordinarien, denen jene unterstanden. Was die beding-
nißweise zu ertheilende Firmung für Gräcomelchiten im heiligen Lande durch
den Guardian der terra sancta (S. 529) betrifft,[125] so ist allgemein bekannt, daß die Ertheilung der Sakramente sub conditione da eintritt, wo
gegründete Zweifel an der wirklich früher geschehenen Spendung obwalten,
solche Zweifel aber in Palästina und Syrien obwalteten, namentlich an
Orten, wo kein griechisch-katholischer Bischof sich befand (wovon hier speciell
die Rede), während der Guardian eine jurisdictio certa besaß und von ihm
viele, die griechische Priester getauft und gefirmt, die Firmung verlangten;
die schismatischen Priester aber hatten keinesfalls für griechische Katholiken
eine Delegation. Die Worte Benedikts XIV. in dem Erlasse von 1745
betreffs der Kopten: servato ritu orientalis Ecclesiae ab apostolica sede
non expresse vetito; sed tolerato[126] sind offenbar falsch gedeutet, wenn
es heißt: Benedikt habe erklärt, der orientalische Ritus sei zwar
von dem apostolischen Stuhle nicht ausdrücklich verboten, aber doch nur
tolerirt; der Papst sagt nach dem Zusammenhang: der bestehende orientalische Ritus soll eingehalten werden, soweit er vom apostolischen Stuhl

---

123) Bened. XIV. l. c.

124) l. c. n. 4. Bened. Const. 57. § 3. 129. § 4.

125) Bened. Const. Demandatam § 14.

126) Das Bullar. Propag., das hier S. 529. N. 6 citirt wird, steht mir dermalen
nicht zu Gebot; es ist aber wohl die Constitution Eo quamvis vom 4. Mai 1745 ge-
meint. (Bull. Bened. t. I. p 228 seq. ed. Venet.)

nicht ausdrücklich verworfen, sondern geduldet ist, d. h. jene Theile des hö=
lichen Ritus, die Rom verworfen, sind wegzulassen, die nicht reprobirten
einzuhalten: Aehnlich drücken sich spätere Päpste aus, wie z. B. Leo XII.
1824, wenn er eine Weihe ertheilt wissen will ritu copto, qui omnis ta=
men superstitionis expers sit. [127] Nur einige Thatsachen scheinen noch der Erläuterung zu bedürfen.
Bekannt sind die traurigen Streitigkeiten auf der Insel Chpern, wo der Fa=
natismus der auswärtigen Griechen die Flamme der Zwietracht [128] schürte
und die Lateiner nur durch barbarische Strenge ihre Herrschaft sichern konn=
ten. Innocenz IV. ging auf die meisten Postulate der dortigen Griechen
ein, nachdem ihm der Bischof von Tusculum nach der an Ort und Stelle
geführten Untersuchung Bericht erstattet (S. 335. §. 19). Aber er suchte
„den griechischen Ritus möglichst dem lateinischen gleichzuformen." D. h. er
wollte nicht im ganzen Taufritus, sondern bezüglich der gebräuchlichen
Unctionen die römische Sitte angenommen wissen. Die Griechen salbten
insbesondere den ganzen Leib der Täuflinge, was in der Regel wohl
unanständig war, und doch wollte der Papst das toleriren, wofern es ohne
Aergerniß nicht beseitigt werden könne. [129] Er erkannte allen Bischöfen das
Recht zu, das Chrisma zu bereiten, gestattete aber auch, daß sie Alle zusam=
men es bereiteten, wie es in Constantinopel vom Patriarchen zugleich mit
den ihn umgebenden Bischöfen geschah; [130] er gestattete das Eingießen des
warmen Wassers in den eucharistischen Kelch; [131] das Beichthören Seitens
verheiratheter Priester, er verlangte nicht das Sonnstagsfasten der römischen
Kirche, er schärfte die Beobachtung der alten orientalischen Mönchsregeln
ein: Das hieß gewiß nicht die Griechen latinisiren. Wenn er aber später
im Schisma eingerissene Mißbräuche verbot, wie den Empfang der letz=
ten Oelung statt eines Bußwerks, oder die Auflegung einer Salbung mit
Krankenöl als Satisfaction, [132] wenn er anordnete, die Eucharistie solle

[127] Bull. Rom. Cont. t. XVI. p. 82 seq.
[128] Zwölf griechische Mönche gingen so weit, zu behaupten, das Opfer der Latei=
ner sei Satansopfer, und litten lieber den Feuertod, als das zu retraktiren. Vgl. Tract.
contra errores Graec. a. 1252. Bibl. PP. max. Lugd. t. XXVII. p. 600. Cuper Acta
SS. t. I. Aug. p. 156. 157. n. 490 seq.
[129] Raynald. a. 1254. n. 7 vgl. Ritus ungendi per totum baptizandorum cor=
pora, si tolli sine scandalo vel. remov. non potest, toleretur.
[130] Bonif. d. XIV. de festis D. N. J. C. t. I. c. 6. §. 7.
[131] Vgl. Balsam. Resp. ad Marc. Alex. q. 18. Leuncl. L. p. 371. 372. Clemens
XI. gestattete das den syrischen, Benedikt XIII. den griechischen Melchiten, Benedikt XIV.
den Griechen in Italien ausdrücklich.
[132] Vgl. darüber Arcud. de Conc. V. 4. Goar Euchol. gr. p. 432. n. 3. ed.
Paris.

nicht (ohne Renovation) über 15 Tage aufbewahrt, die
der Messe von den Priestern gebetet, die drei niederen W
Kirche eingeführt, die dritten und vierten Ehen gestatte
der Verwandtschaft keine Ehe geschlossen, und der Läu
Namen Purgatorium bezeichnet werden, so zeigte er sic
heit des Cultus und der Lehre besorgt und darauf b
Gläubigen zu ernster christlicher Zucht zu erziehen, ohn
benden Merkmale ihres Ritus in der Hauptsache angetast
einheimischen Griechen waren diesen Verfügungen nicht fär
Umtriebe, von Außen genährt und durch ungerechte Eifer
Prälaten vermehrt, dauerten aber fort und störten die (
suchte, soviel er konnte, die griechische Hierarchie zu stüß
litischen Verhältnissen der Insel und bei der beträchtlich
ner konnte er unter der fortwährenden Aufreizung der
kaum andere Maßregeln treffen, als jene, die er 1260
chischen und lateinischen Erzbischofs getroffen hat. [133])
  Was die Union der Ruthenen von 1595 (S. ½
die Constitution Clemens VIII. ganz Recht, wenn sie
soweit anerkennt, als sie der Wahrheit und der Lehre b
bens nicht entgegen seien und die Communion mit der 1
ausschlößen; die Verherrlichung des Photius z. B. u
mas [134]) war sicher der Union zuwider und nicht Weni
tion betrachtet werden mußte, hatte sich seit den Tagen
griechischen Ritus eingeschlichen. Das Non plus ultra
kunst hat aber Pichler erreicht, wenn er anfügt: „In b
daß auch entgegengesetzte päpstliche Bestimmungen in
handen seien, bemerkte der folgende Paragraph, daß
ordnungen nicht hindern sollen." Das stützt sich auf b
stantibus constitutionibus et ordinationibus ceteri
buscumque. Man sollte glauben, der Autor ha
päpstliche Bulle gelesen, sonst hätte er wissen 1
Canonisten als clausula derogatoria wohlbekannte F
päpstlichen Bullen, oft sogar noch sehr verschärft, vorko
serer Stelle der Mangel an solchen Verschärfungen ieß
das Gegentheil von dem beweist, was er beweise
  Und nun fragen wir: Wo ist der unwiderle
man Seitens der Päpste den orientalischen Ritus „a 1

---

133) Rayn. a. 1260. n. 37 seq.
134) Vgl. Bened. XIV. de Syn. dioec. L. VI. c. 3 n. 7.

Hunderte von Constitutionen bezeugen dem, der sie nach kirchlichem Sprach=
gebrauch, nach Orts= und Zeitumständen, nach Würdigung aller Verhältnisse
durchgeht, die wunderbarste Consequenz, das Streben, die Integrität des
griechischen Ritus aufrechtzuhalten, ihn zu läutern von den im Schisma bei=
gemischten Corruptelen, zu gleicher Zeit ihn zu vertheidigen gegen engherzige
Angriffe einzelner Lateiner, [135]) wie gegen die Latinisirungsbestrebungen der
polnischen Könige die Ruthenen von Rom aus energisch geschützt worden
sind. Nicht einzelne, aus dem Zusammenhange gerissene Stellen Benedikts
XIV., sondern das Studium seiner hierher gehörigen Erlasse und seiner
Werke, seiner Principien und der daraus gezogenen Folgerungen mit einer
juristischen Bildung, die wenigstens einigermaßen sich der seinigen annähert,
könnten zu Behauptungen ein Recht geben, wie sie hier in der stärksten Weise
vorgetragen worden sind. Eines aber darf kein Denkender außer Acht lassen:
Entweder ist die abendländische Kirche im Rechte, wenn sie die nicht unirten
Griechen als Schismatiker betrachtet und nach den altkirchlichen Gesetzen,
die für diese gelten, mit Liebe zwar und Schonung für die Personen, aber
mit unbeugsamer Strenge bezüglich des Schisma behandelt, oder sie ist nicht
im Rechte. Im ersteren Falle verlieren, abgesehen von dem ganz analogen
Verfahren der Griechen, [136]) die angeblichen Gehässigkeiten bis auf wenige
rein persönliche Fehler ihr Gehässiges; im anderen Falle aber müßte man
eine derartige Verirrung der lateinischen Kirche annehmen, daß sie aufgehört,
die wahre Kirche Christi zu sein. Es ist auch nicht möglich, die orientalische
und die occidentalische Kirche, insofern sie auch im Dogma getrennt sind,
als ganz gleichstehend zu betrachten; die eine oder die andere muß die wahre
Kirche Christi sein, unmöglich sind es beide zugleich. Hier muß für uns
das schöne, auch von unserem Autor (S. 116) angeführte Wort des heiligen
Ambrosius gelten: Ubi Petrus, ibi Ecclesia. Wir unsererseits
können das nur bewundern, was die Päpste von Nikolaus I. bis

---

[135]) Enchiridion Graecorum ed. Beneventi 1717. Bened. XIV. Const. Allatae sunt.
§ 41. Allat. de consens. Eccl. Occ. et Or. L. III. c. 7 n, 3 p 982.

[136]) Man vergleiche die von den Griechen gebrauchten Formeln der Abschwörung
des Latinismus, wie sie aus der Zeit von 1269 bis 1401 in den Acta Patr. Cpl. I. p.
501. 506. 550. t. II. p. 8. 48. 84. 160. 266. 449. 454. Doc. 243. 251. 293. 333. 359.
376., 432. 501. 615. 618, sich finden, sowie den Ordo servandus in conversione ex hae-
resibus latinis bei Dositheus Τόμος Ἀγάπης ed. 1698. f. 568. seq. Die Drohung der
Apostasie pflegten die Schismatiker mit den Worten auszudrücken: zu den Franken oder
Türken gehen. Vgl. Acta Patr. Cpl. t. I. p. 456. t. II. p. 55. Doc. 202. 361. Der
Kirche Gottes werden in Synodaldekreten, z. B. in dem von 1371 (ib. t. I. p. 55. Doc.
292), die Lateiner geradezu entgegengesetzt.

auf Pius IX.[136]) für Zurückführung der verirrten Orientalen gethan und alle ernster denkenden Katholiken werden den Worten eines ausgezeichneten französischen Prälaten beistimmen, der da sagt:

„Wenn der Orient gerecht sein will, so muß er eingestehen, daß er keinen heftigeren Feind gehabt hat als sich selbst, und keinen besseren Freund und Beschützer, als das lateinische Papstthum. Wenn der Occident nicht undankbar sein will, so muß er anerkennen, daß der Vorzug, daß er zum Sitze des römischen Stuhles erkoren ward, ihn an die Spitze der Christenheit und der menschlichen Gesittung gebracht hat und ihn darin auch fürder erhält."[138])

V.

Noch eine Frage müssen wir vor dem Abschluß unserer kritischen Exkurse und vor unserem Urtheil besprechen: Welche Mittel können angewendet werden, um das nie genug zu beklagende Schisma zu beseitigen? Was hat zu diesem Behufe zu geschehen?

Vor allem ist ein eingehendes Studium der Geschichte beider Kirchen, ihres Rechts, ihrer Liturgie vonnöthen. Die Unwissenheit war von jeher die gefährlichste Feindin des kirchlichen Lebens und Gedeihens. „So kann man es denn," sagt Pichler (S. 24) nach Anführung von Finlay und Neale, „zugeben, daß die Unwissenheit das größte Uebel des Orients und das stärkste Hinderniß der Union sei, wie der gesammte Occident dieß einmüthig

---

[137] Aus dem, was S. 534. § 38 erzählt wird, folgt noch lange nicht, daß den Papste, als er das Schreiben vom 6. Januar 1848 erließ, seine Räthe die Sache allzu leicht vorgestellt hatten. Ich hatte auf einer römischen Reise und insbesondere auch in der Audienz bei Sr. Heiligkeit am 17. November 1857, in der aus Anlaß der Ueberreichung meiner Ausgabe einer Schrift des Photius die orientalische Kirchenfrage besprochen ward, selbst zu erfahren Gelegenheit, wie wenig man daran je dachte, die Schwierigkeiten zu übersehen und sich unmittelbare Erfolge zu versprechen. Der gute Hirt schweigt nicht, auch wenn er weiß, daß seine Stimme kein Gehör findet. Fast jeder Papst hat im Anfange seines Pontifikates das Gleiche gethan. Vgl. Gregors XVI. Constitution Inter gravissimas vom 3. Februar 1836. Was S. 536 aus Phzpios mitgetheilt wird, ist vor diesem ganz und gar entstellt; Rom glaubte nicht gegen die Behauptungen eines Mannes besonders auftreten zu sollen, der sich als wetterwendisch und charakterlos erwiesen hat.

[138] Instruction synodale de Msgr. l'Évêque de Poitiers à son clergé. 12. Sept. 1856. Poitiers, Imprim. de Oudin 1857.

bezeugt." Insbesondere ist die Unwissenheit des griechischen Clerus, wie sie Bambas und Pharmacides (S. 29) beklagen, von dem nachtheiligsten Einfluß (vgl. S. 455). Gleichwohl sagen uns die nicht unirten Griechen fortwährend, daß wir Lateiner, die orthodoxe griechische Kirche durchaus nicht kennen. So Al. Popovitzki (S. 3) und Muraviiew (S. 29). Aber daß sie die abendländische Kirche besser verstehen, davon geben sie keine Probe, im Gegentheil zeigen sie die gröbsten Mißverständnisse des lateinischen Kirchenthums und ignoriren fast gänzlich, was von unserer Seite hiefür geschehen ist, was sie selbst dem katholischen Occident verdanken. Basiließ (S. 4) aber bemerkt, daß die Schriften der Koryphäen der vorzugsweise katholisch-theologischen Wissenschaft — er nennt Perrone, Passaglia, Gousset, Liebermann — in Bezug auf die Kenntniß der Differenzpunkte die allernüchternsten zu sein scheinen. Ein Gleiches zeigen die Schriften der orthodoxen." Griechen bezüglich derselben Punkte nicht; ja es fehlt ihnen an Verständniß der eigenen Liturgie, am Studium ihrer eigenen Väter, deren gewichtige Zeugnisse sie oft mit hohlen Worten abweisen, wie sie z. B. die Stellen ihrer Kirchenlehrer, die sie sonst so hoch halten, sobald sie zu Gunsten des römischen Primates angeführt werden, mit einer wahren Injurie für diese großen Männer aus leerer Schmeichelei zu erklären bestrebt sind (vgl. S. 486 § 27. S. 478). Wohl haben auch einzelne lateinische Polemiker hie und da eine große Unwissenheit in Sachen der Orientalen an den Tag gelegt,[139]) aber Studien, wie sie Goar, Renaudot, Morin, Lebrun, Benedikt XIV., Trombelli u. A. bezüglich der Orientalen gemacht haben, finden sich bei diesen bezüglich des lateinischen Cultus nicht; das russische Euchologium, das Rajewski kürzlich in deutscher Sprache herausgab, gibt wiederum davon Zeugniß. Viele liturgische Ausdrücke, die durch die bei den abendländischen Katholiken gebrauchten analogen Bezeichnungen viel deutlicher hätten gegeben werden können, sind mit Beistand eines protestantischen Theologen sehr undeutlich übersetzt, und daß sich bei uns viel Aehnliches, ja ganz dasselbe in Bezug auf die Liturgie, die kanonischen Tagzeiten, die Spendung der Sakramente vorfindet, davon scheint er kaum eine Ahnung gehabt zu haben, während er über die Unbekanntschaft der Lateiner mit den Gebräuchen und Gebeten seiner Kirche bitter klagt.

Vor Allem muß die Unwissenheit des schismatischen Clerus schwinden, wenn es besser werden soll; wir aber müssen ihm ebenfalls entgegenkommen nicht indem wir das herabsetzen, was wir ihm bieten können, nicht indem

---

[139]) Vgl. Le Quien Panopl. p. XVII. seq. p. 19. seq. Benedict. XIV, Const. Allatae sunt d. d. 26. jul. 1755 § 18. (Bull. Bened. IV. 294 ed. Venet.)

wir ihn in seinen Vorurtheilen bestärken, sondern indem wir immer tiefer in den Geist und das Leben der alten orientalischen Kirche, ihrer Väter und Lehrer, in ihre Geschichte und ihren Cultus einzudringen, ihnen die Fort= entwicklung der alten patristischen in unserer neueren Theologie aufzuzeigen und an der Hand der ersteren das richtige Verständniß der letzteren ihnen zu erschließen suchen.

Aber die Wissenschaft allein kann nicht helfen; es wird zweitens die volle Entfaltung der wahren christlichen Charitas dazu mitwirken müssen, welche möglichst schonend und dabei thätigen Beistand leistend den getrennten Brüdern sich nähert. Es wird auch die Politik das Ihrige zu leisten haben (vgl. S. 1. § 1. S. 3. § 3). Der Despotis= mus der Czaren, der Millionen unirter Griechen gewaltsam ihres Glaubens beraubt, der Druck des Pseudoliberalismus, der im constitutionellen Königs= reiche Griechenland so schwer auf den Katholiken lastet, die Tyrannei des by= zantinischen Patriarchen (S. 455) und seines bis zum schnödesten Miß= brauch der Sakramente (Pichler S. 427) fortgeschrittenen Miethlingsklerus (S. 433), das waren und sind noch kolossale Hindernisse der ersehnten kirchlichen Union. Die Politik soll wieder gutmachen, sagt Hr. v. Hart= hausen (S. 544. N. 3), was sie verdorben hat.

Als negatives Mittel der Union bezeichnet Pichler (S. 547) das Vermeiden aller unbilligen Forderungen und aller ungerechten Vorwürfe; er will Beschränkung der an die Schismatiker zu stellenden Forderungen auf das Unabweisliche und Anerkennung der auf beiden Seiten gemachten Fehler. Damit sind wir im Princip ganz einverstanden.

Eine unbillige Forderung ist aber sicher nicht die der Annahme des Florentinischen Dekrets; das kann, ja muß der päpstliche Stuhl vor Al= lem fordern. Ein ungerechter Vorwurf ist es nicht, wenn wir die Griechen als Schismatiker betrachten; wir müssen sie als solche ansehen, wollen wir nicht das Dogma verläugnen. Es ist auch nicht ungerecht, obschon es den Päpsten Innocenz III. (S. 309. § 37), Johann XXII. (S. 357. § 41), Clemens VI. (S. 373. § 49), Urban V. (S. 377. § 54), Gre= gor XI. (S. 380. § 57) und so vielen Anderen sehr verübelt wird, wenn wir davon überzeugt sind, daß die Mißgeschicke der Griechen eine Strafe ihres Abfalls von der römischen Kirche sind; das sagen nicht blos die abend= ländischen Theologen bis herab auf Bischof Dupanloup (S. 403), das sa= gen viele der zur richtigen Einsicht gekommenen Griechen selber, wie der Patriarch Johannes Bekkos [110], Georg von Trapezunt [141] und Bessarion

[110] De un. Eccles. c. 1. 2. Gr. Orth. I. p. 61—65.
[141] De una s. Eccl. ad Cretens. n. 18. ib. p. 577. cf. c. 6. p. 547 seq

(Pichler. a. a. O.); ein nicht befangener Quellenforscher findet es hinlänglich bezeugt und nicht annsonst haben Neuere, wie H. Schmitt und Hefert (S. 543: 544) den Hochmuth der Griechen deßhalb angeklagt. Auch der Vorwurf der Erstarrung soll den Griechen nicht gedacht werden dürfen (S. 547); es ist aber derselbe gerecht, weil diese Erstarkung und selbstverschuldete, und er ist am Platze, weil er am besten die Getrennten zur richtigen Einsicht in ihre Lage führt. Denn wie der auch von Pichler so hoch verehrte Döllinger sagt, gegenüber dem regen Lebeu, der jugendlichen Frische und expansiven Kraft des Occidents zeigte der Byzantinismus jene altersschwache Unbeweglichkeit und hochmüthige. Er war ring probler nicht mehr zu erkennen fähig; ebenso steril als ohnmächtig zur Verbesserung der verrotteten inneren Zustände war. [112]) Wenn das „Kenne Dich selbst" der Anfang aller Weisheit ist, so dürfen wir wahrhaftig nicht durch übel angebrachte Schonung die modernen Schismatiker davon abziehen. Ganz wahrheitsgemäß schildert mit meisterhaften Zügen derselbe Münchener Historiker die Fortentwicklung des Kampfes. „Alle, auch die geringfügigsten Differenzen in dem dogmatischen Ausdruck, sei es im Ritus und im kirchlichen Leben, wurden sorgfältig hervorgehoben, würden eröffnet und erweitert, es war förmlich eine Frage der Mode, orthodox zu werden, die Lateiner der Ketzerei beschuldigen zu können, man erfand eigene rituelle Formen, um die Besleckung, welche die Berührung der Lateiner mit sich bringe, recht handgreiflich auszudrücken; man stellte selbst im täglichen Sprachgebrauch Christen (nämlich Byzantiner) und Lateiner einander gegenüber; in der Hauptstadt schwätzten selbst die Weiber, die Tagelöhner und die Schulknaben vom Ausgang des heiligen Geistes. Da waren denn blos spätere Griechische Kaiser, die durch die Noth klüger geworden als ihre Vorgänger, nicht im mindesten Stande, den Römerhaß zu legen. Sie unterlagen im ungleichen Kampfe zu einem Nationalwillen, der, in allem Uebrigen impotent, in diesem einen Punkte des Antilatinismus sich zäh und unbezwinglich erwies. Die Union von Florenz ward wieder zerrissen; die Sophienkirche mußte zur Moschee werden." [113]) In diesen wenigen Worten des erfahrenen Meisters liegt eine Fülle historischer Wahrheiten, die in das rechte Licht zu stellen und nach allen Seiten hin zu begründen keine allzuschwierige Aufgabe wäre.

Was endlich die Anerkennung der auf beiden Seiten gemachten Fehler betrifft, so nehmen wir keinen Anstand, dieselben zuzugestehen, obschon wir

---

112) Döllinger, Kirche und Kirchen, S. 7. 8.
113) Das. S. 8. 9.

nicht in gleichem Maße beiden Theilen solche zur Last zu legen vermögen, am wenigsten für die Zeit vor dem dreizehnten Jahrhundert, wie es in den Worten geschieht: „Der Occident und Orient hatten in gleicher Emsigkeit den Zündstoff zusammengetragen und hochaufgethürmt." Die Griechen konnten Aergerniß in ihnen, an den in den Krieg ziehenden abendländischen Bischöfen (vgl. S. 282), obschon auch bei ihnen dasselbe vorgekommen war,[144] sie konnten ihrerseits auf das tiefste empört worden über die Habsucht, Tyrannei und bisweilen auch Barbarei der Lateiner, die allerdings 1204 in furchtbarer Weise hervortrat; [145] obschon von ihnen viele Provocationen vorausgegangen, obschon solche Laster und Gräuel auch in ihren Reihen vorgekommen, obschon nicht alle Lateiner in solcher Weise aufgetreten waren, wie denn z. B. besonnenere Griechen einzelne lateinische Kaiser in Byzanz in ehrenvoller Weise erwähnen, wie namentlich Balduins Bruder Heinrich, der vielen Beschwerden abhalf und ein rühmliches Andenken bewahrte.[146] Es konnten sich die Byzantiner ferner beklagen über die Einsetzung von lateinischen Patriarchen im Orient, obschon, diese bei dem fanatischen Hasse der Unterjochten und der hinlänglich dokumentirten Stimmung ihrer Bischöfe und Mönche für die Eroberer, fast eine Nothwendigkeit geworden war. Die Mißgriffe und Fehler der in Constantinopel im 13. Jahrh. residirenden lateinischen Patriarchen, die deßhalb auch oft von den Päpsten getadelt werden mußten,[147] räumten wir insbesondere völlig ein; ja, wir hätten hier manche derselben vielleicht noch schärfer hervorgehoben. Ebenso geben wir zu, daß überhaupt die lateinischen Prälaten und Fürsten im Orient seit dem 12. und 13. Jahrhundert ein Haupthinderniß der Friedensbestrebungen waren (S. 287 ff.); allein sie waren eben weder das einzige noch das größte Hinderniß; viel stärkere fanden sich in den Griechen selbst, die, wie ganz mit Recht ein Autor jener Zeiten sagt, den Balken im eigenen Auge niemals sehen wollten, aber desto scharfsichtiger waren, die Splitter bei ihren abendländischen Brüdern zu entdecken.[148] Wir können ebenso zugeben, daß öfter die päpstlichen Legaten im Orient sich unklug und hochfahrend benahmen, wie z. B. Cardinal Pelagius, obschon auch in Manchem die Byzantiner aus Unkenntniß abendländischer Sitten unbillig würden

---

144) Balsamon in Basilii. 13. Beiträge. Ill.p. 70.

145) Hurter Innocenz III. Buch. VIII. S. 638—644.

146) Georg. Acropol. c. 16. 17. p. 31—33. ed. Bonn. Ephrem. chron. ἀνὴρ ἱλαρός, εὐμενὴς ὑπάρχος κ. τ. λ.

147) Cuper Acta SS. Aug. t. I. p. 147—152. Parergon IX.

148) Tractat. c. Graec. Bibl. PP. max. Lugd. t. XXVII. p. 616: Sed Ecclesia Graecorum, quae trabem gestat in oculo, quam non videt, sed potius festucam modicam in oculo fratris sui, hoc quod nobis objicit, studiosius implet.

und z. B. die „rothen Schuhe" des Cardinals schon großes Aergerniß er-
regten.[149] Die Anerkennung solcher Fehler aber wird in den Hauptfragen
kein entscheidendes Gewicht haben können, am wenigsten jedoch die Griechen
in den Stand setzen, mit zulänglichen Gründen ihr Schisma zu rechtfertigen.
Als solche Glaubensfährte der eben genannte Autor des 13. Jahrhunderts an:
1) die Theilung des Kaiserreichs und die Krönung vom Jahre 800; 2) die
Nichtberufung der Griechen zu dem Beschlusse über die Insertion des Filioque in's Symbolum; 3) den Stolz und die hochgehenden Forderungen der
päpstlichen Legaten; 4) die Entsetzung des Photius und anderer Prälaten
und Aebte. Abwer findet auch das völlig ungenügend, selbst wenn Alles
sich genau nach den Angaben des Byzantiner verhielte, und weiset auf die
traurigen Folgen der Trennung hin, die längst sich für die Griechen fühlbar
gemacht hätten.[150]

Es ist hier nicht der Ort, alle von Verschiedenen zu verschiedenen Zeiten vorgeschlagenen Mittel und Wege zur Reunion der getrennten Griechen
zu besprechen; hier genügt es hervorzuheben, daß darüber manche beachtens-
werthe Andeutungen und Winke in Pichlers Buch zu finden sind, obschon
der Weltem nicht Alles in der Weise behandelt worden ist, wie man von
einem katholischen Docenten der Theologie in Bayern in einem solchen Werke
es besprochen zu finden erwartet hat und wohl auch erwarten durfte. Von
mehreren Seiten sind mir sehr nachdrückliche Aeußerungen zugegangen über
die unkirchliche Tendenz dieses Buches, ich kann diese nicht annehmen, obschon ich sehr wohl erkenne, daß zu dieser Ansicht der Verfasser
selbst hinreichenden Grund geliefert hat." Beides soll hier näher motivirt
werden.

Zuerst Letzteres: Hr. Pichlers Buch giebt vielfache Grundlagen für
jene ihm nachtheilige Auffassung. Dafür haben wir in den früheren Arti-

[149] Georg. Acropol. c. 17, p. 32. Spondan. a. 1213 n. 24.
[150] Tract. cit. p. 607. Sed numquid haec sufficiunt ad excusationem tanti schis-
matis et perditionem tot animarum? Minime. Sed occasionem pro facto quaerit qui
vult recedere ab amico. Sed quid sequitur in auctoritate? Omni tempori, inquit Salomon, erit execrabilis, i. e. vitandus ab omnibus; despectus et vilis, quod praesens
dies indicat in ecclesia Graecorum. Nam incarcerantur eorum clerici et laganchi, alii
ceteri rustici et populares, exactiones et plagia fiunt super eos, quemadmodum super
laicos. Translata est quippe gloria ab eis, sacerdotalis dignitas et ecclesiastica libertas in contemptum redacta. Nam quae vult ipse, qui imperat, instituere, instituit, et
quem vult deponere, similiter deponit. Et merito; ut qui subesse Rom. Ecclesiae et
personis ecclesiasticis contemserunt, subjaceant nunc laicis principibus vel juvii, re-
cognoscant distantiam servitutis et dominiorum orbis terrarum, et clament ad Dominum
et summum Pontificem, ut liberent eos.

sein wohl selbst, ohne es zu beabsichtigen, manchen Beleg geliefert; es geht auch durch das ganze Buch ein (wohl der Seele des Verfassers fremder, aber durch äußere und vielgestaltige Einflüsse, durch die Beschaffenheit seiner Studien und seiner vorherrschenden Lektüre nach und nach herangebildeter) ganz eigenthümlicher Ton, der oft die katholische Pietät schmerzlich vermissen läßt, oder weit mehr als zahlreiche Nachlässigkeiten in der Ausführung und bedeutende, nicht verbesserte Druckfehler den Leser frappirt, der im Jahre 1864 wohl als zu den Anachronismen gehörig, mehr der Zeit von 1780 — 1830 passend und eine ernste Rüge herausfordernd erscheint. Um nicht zu reden von dem das christliche Gemüth verletzenden Ausdruck, u. s. w. der auch da vorkommt, wo eine Berechtigung dazu nicht angesehen werden kann, nach da, wo der Papst und seine Räthe materielle Güter opferten, um das geistige Gut der ersehnten Union zu erringen, so bleibt immerhin die Art und Weise höchst befremdlich, in der uns (S. 504. 505) nach Charrière und Zinkeisen ein von den Minoriten dem Papste Hadrian VI. vorgelegter Feldzugsplan gegen die Türken mitgetheilt wird, wonach von den 40,000 Klöstern dieses Ordens, sowie von den Häusern der anderen Bettelorden etwa 540,000 Streiter aufgebracht werden könnten, während die 36,000 Nonnenklöster hinreichend die Marketenderinnen ausbringen würden. Wenn man auch die verrotteten Zustände sehr vieler (aber bei Weitem doch nicht aller) Klöster in den zwanziger Jahren des 16. Jahrhunderts in Betracht zieht, so ist doch die daran geknüpfte Aeußerung: „Die damalige Welt hätte sich Glück wünschen dürfen, wenn sie auf einmal so vieler Mönche und Nonnen losgeworden wäre" und der daran angereihte Kernspruch Martin Luthers nicht geeignet und schicklich im Munde eines katholischen Theologen, von dem heutzutage ein katholisches Publikum wohl Anderes erwarten darf, als Erneuerung solcher veralteter, an die Frivolitäten des 18. Jahrhunderts nahe anstreifender Tiraden. Wenn ein solcher Ton, wenn eine solche Behandlung der Geschichte jetzt noch Platz zu greifen drohte, so müßten wir im Interesse der katholischen Wissenschaft den entschiedensten Protest dagegen zu erheben uns gedrungen fühlen.

Gleichwohl konnten wir uns nicht überzeugen, daß solche und ähnliche Aeußerungen, die auch aus einer übel angenommenen Manier oder aus unzeitiger Sucht, den Leser zu unterhalten, von Anderen erklärt werden könnten, eine unkirchliche Tendenz des Verfassers zu erweisen vermögen. Denn auf der einen Seite hindert diese Annahme dasjenige, was wir im ersten Artikel (S. 15. 16) aus ihm angeführt, auf der anderen Seite glauben wir in der Arbeit selbst viel näher liegende Erklärungs- und Entschuldigungsgründe vorgefunden zu haben. Dahin gehören insbesondere:

a) der Einfluß der vorzugsweise von ihm gelesenen Autoren; b) die verhält=
nißmäßig kurze Zeit, die auf die Ausarbeitung eines Werkes von solcher
Tragweite verwendet worden ist.

а) Was den Einfluß der besonders gelesenen Autoren betrifft, so ist
vorerst zu konstatiren, daß Hr. Dr. Pichler mit großem Fleiße schismatische
und römerfeindliche Schriftsteller gelesen hat. Insoferne heutzutage deren
Arbeiten von den Theologen des katholischen Abendlands nicht genügend,
nicht in der Weise, wie es das Interesse unserer kirchlichen Literatur selbst
erfordern würde, beachtet zu werden pflegen, muß ich ihm nach vollster Ueber=
zeugung sogar ein warmes Lob aussprechen, weil er sich dieser mühseligen
Arbeit unverdrossen unterzogen hat. Allein gleichwie viele ausgezeichnete
Theologen, auch in höherem Alter, durch einseitige Lektüre akatholischer Au=
toren oft nicht ungefährliche Eindrücke empfangen, das Gelesene nicht ge=
hörig geprüft, vielfach nach ihm ihre Urtheile gestaltet haben: so konnte es
auch beim besten Streben einem jüngeren Manne ergehen, daß er bei arg=
losem Studium neuhellenischer Autoren unvermerkt das Eine oder das An=
dere von ihnen einsog, deren Anschauungen, wenigstens theilweise, in suocum
et sanguinem übergehen ließ. So könnte denn ein strenger Kritiker finden,
daß ein guter Theil der historischen Construktion Pichlers auf den Ansichten
schismatischer und überhaupt akatholischer Schriftsteller beruht. Z. B. der
Schismatiker Nektarius (bei Pichler S. 25) sagt, die Patriarchen seit
Photius hätten im Glorienglanze der Tugend und Wissenschaft gestrahlt mit
einziger Ausnahme des Theophylaktus, während die Päpste in Unwissen=
heit und Laster versunken waren; sofort muß das, wie wir schon im ersten
dieser Artikel gesehen, Pichlers eigene Geschichtsdarstellung (S. 204) wie=
derholen und wo möglich verschärfen. Derselbe Nektarius verwirft die
scholastische Theologie (S. 26) und Pichler kann nicht umhin (das. N. 4),
ohne weitere Bemerkung die Worte des Protestanten Ullmann anzuführen,
daß es ein Vortheil (?) der griechischen Kirche sei, nie von der Scholastik
beherrscht worden zu sein, weßhalb sie auch nicht erst die Fesseln zu über=
winden brauche, „welche die katholische Kirche, wenn gleich nicht mit so
beengendem Drucke wie im Mittelalter, immer noch trägt,“ wobei es Man=
chen scheinen könnte, es habe eine fromme Herzensergießung ganz schüchtern
ausgedrückt und der in den nicht seltenen Widersprüchen unserer Schrift
hervortretende Mangel an dialektischer Bildung mit liebenswürdiger Naivetät
entschuldigt werden wollen. Derselbe fromme Nektarius klagt über die
„Unduldsamkeit und Feindseligkeit der Lateinischen Kirche gegen die Grie=
chische“ (S. 27), und das ganze Buch unseres Autors bestrebt sich, mit
Abrechnung einiger Stellen, in denen doch auch die occidentalische Anschau=
ung nicht völlig perhorrescirt werden konnte, zu diesen Klagen einen mög=

lichst reichhaltigen Commentar zu liefern. — Murawijew (S. 29) sieht
die eigentliche Ursache der Kirchentrennung weder in Photius, noch in Cärularius, noch überhaupt in der Griechischen Kirche, sondern in den schweren
Unbilden, welche die Lateiner den Griechen zugefügt, und sofort sind die bereits von uns (Art II) besprochenen Sünden der Lateiner, die sowohl unter
Leo III. und Leo IX., als in den Zeiten der Kreuzzüge verübt worden, in
unserem Buche in das grellste Licht gestellt. Ein neuerer sonst sehr zwei-
deutiger Grieche findet die Ursache der beweinenswerthen Trennung in den
Mißgriffen und Missethaten der Päpste (S. 27. 28) und so trägt auch nach
Pichler eine Hauptschuld an derselben der „römische Hof", und das nicht
blos unter den „Nichtswürdigen" des zehnten und eilften Jahrhunderts,
sondern auch unter Päpsten, auf die bisher das Abendland stolz war, wie
Innocenz III. Den schismatischen Autoren ist die Doktrin von der päpstlichen Infallibilität und überhaupt die „überspannte" Ansicht von der Papstgewalt ein Dorn im Auge; derselbe Dorn zeigt sich in unserem Buche überall, in allen möglichen Variationen verarbeitet. Ja, Alles, was die Broschüre
des Autors von 1862 aus schismatischen Autoren anführt und was das
vorliegende Buch aus ihnen ehrlich mittheilt, scheint eine theilweise Grund-
lage der historischen Urtheile und Anschauungen Pichlers gewesen zu sein
und es könnte diese Zusammenstellung von einem aufmerksamen Leser, der
die einzelnen Expektorationen zu combiniren weiß, noch, um das Doppelte
vermehrt werden. Bisweilen ist es sogar schwer gemacht, das eigene Urtheil
des Verfassers von dem der vorzugsweise benützten Griechen zu unterscheiden; sehr oft fließt beides in einander. [151] In ähnlicher Weise würde jeder
einigermaßen gebildete Pope oder Theolog von Neu-Athen, wenn er unter
Occidentalen leben und schreiben müßte, ebenfalls verfahren müssen. Da

---

[151] Wir haben deßhalb bisher, wo möglich, Pichlers eigene Worte, meistens mit
Anführungszeichen versehen, von denen der citirten Autoren ausgeschieden. Es ist uns
bemerkt worden, es stehe nicht bei Pichler, daß die Kaiserkrönung von 800 ein „furchtbares Unrecht" gegen die Griechen gewesen sei, wie wir Art. II. (S. 19) angeführt und
es sei von dem Autor nur gesagt worden, daß diese That die Griechen tief verletzt. Aber
wenn wir die einzelnen Aeußerungen des Autors (S. 96 f. 174. Auf. des § 29. 151.
220) sammt die Art, in der die Aeußerungen der Occidentalen (S. 162. R. 2; 160.
§ 7. R. 2. S. 96. § 99) angeführt werden, genau vergleichen, wenn wir begreifen, daß
deßhalb die ganze Entwicklung des Verhältnisses zwischen Kaiserthum und Papstthum
im Mittelalter als „ein fortgesetztes Unrecht gegen die Griechische Kirche" bezeichnet wird, weil sie auf den zwei die Griechen so sehr verletzenden Punkten beruhte,
nämlich auf der 800 geschehenen „Entthronung" der Herrscher von Byzanz als römischer
Kaiser und der Donatio Constantini: so dürfen wir trotz der an anderen Stellen (z. B.
S. 221 § 2) gegebenen milderen Auffassungen unsere Darstellung nicht als eine solche
erkennen, die nicht im Buche selbst hinlänglich ihre Rechtfertigung fände.

nun Restarius und die ihm folgenden Autoren die bedeutendsten Führer durch das weite geschichtliche Gebiet gewesen sind, so läßt es sich allerdings entschuldigen, wenn nach dem Stande ihrer dogmatischen, canonistischen und historischen Bildung überall da, wo nicht die besonnenere katholische und gelehrtere deutsche Schule ihren Einfluß üben konnte, Beispiele von Unkenntniß und Inkonsequenz in der geschichtlichen Darstellung geliefert werden, selbst wenn sie so zahlreich wären, daß man ein Buch schreiben müßte, um sie sämmtlich zu registriren. Der Τόμος Χαρᾶς und der Τόμος Ἀγάπης sind wahre Muster in dieser Beziehung.

Aus denselben Hingabe und Vorliebe für akatholische Autoren scheint es auch erklärlich, daß die Versuche der lateinischen Missionäre in der Levante mit einer etwas wegwerfenden Geringschätzung ziemlich oberflächlich berührt werden. In der Schilderung der Jesuiten in den türkischen Provinzen sieht man nicht nur keinerlei Rücksicht beobachtet, die sonst die Aufopferung dieser Männer gefunden hat, (von jenen nicht wenige im Dienste der Pestkranken verstorben sind, sondern auch deren stets gleiche Erfolglosigkeit ebenso sehr betont (S. 515), als dabei die Anwendung jeder Mittel auch der unerlaubten,[152]) ihnen zur Last gelegt wird. Dieser behaupteten Erfolglosigkeit widersprechen aber nicht nur andere Berichte,[153]) sondern auch die von unserem Autor (S. 516) selbst angeführten Bekehrung u. auf Chios, sowie die weiteren unter den Armeniern (S. 517), die aber stets zu schweren Verfolgungen der Missionäre führten, endlich die dadurch veranlaßten großherrlichen Erlasse selbst (S. 516. 518). Wenn Pichler (S. 507) im besten Glauben, wie es scheint, nach Neander berichtet, "die Lutherischen seien von den Türken weit mehr geachtet als die Katholischen," so stehen dem doch auch andere Zeugnisse gegenüber.[154]) Zudem wird der alte Satz: "Audiatür et altera pars" bei vielen der vorgebrachten Anschuldigungen ganz und gar außer Acht gelassen. Eben aus dieser unzeitigen Hingabe an Autoren dieser Richtung wäre es erklärlich, daß die ausgezeichneten Vertreter der Union unter den Griechen so äußerst spärlich an wenigen Stellen, wie z. B. S. 362 (Note 2 der vor. Seite) berücksichtigt worden sind. Wo billiger denkende, nicht vom nationalen Vorurtheil des Antilatinismus angesteckte, nicht von Leidenschaften geblendete Griechen mit den Lateinern zusammentraten oder sich in die patristische Literatur vorurtheilsfrei vertieften, da ward immer wenigstens eine theilweise, oft auch eine vollständige Verständigung

---

152) οἱ πάντολμοι γιεζουβῖται nennt sie Dositheus Τόμος χαρᾶς p. β΄

153) Marshall, die christlichen Missionen. Bd. II. S. 641 f. der Mainzer Uebersetzung.

154) Marshall a. a. O. S. 487 ff.

58

angebahnt und die römische Kirche gewann in ihnen oft begeisterte Anhänger. Wir dürfen nur an Nicephorus Blemmida, an den Patriarchen Johannes XI. Beccus, dessen Tugenden und Geistesgaben auch die Schismatiker bewunderten,[155] dessen Standhaftigkeit auch im Exil außer Frage steht,[156] sowie seine Schüler Constantin Melitenicta und Georg Metochita im vierzehnten Jahrhundert erinnern; dann an Barlaam, Demetrius Cydonius (nicht Cyconius, wie bei Pichler a. a. O. steht), an Manuel Kalekas, an Isaias von Cypern, an den russischen Metropoliten Isidor, an Bessarion, Georg von Trapezunt, Maximus Chrysoberga u. A. m., Männer, die alle geistig hervorragen und denen kein einziger bedeutender Mann entgegengestellt werden kann, der von den Lateinern zu den Griechen übergegangen wäre. Sie verdienen alle besondere Berücksichtigung in einem Werke, das die Geschichte des griechischen Schisma zum Gegenstande hat und sie erschöpfend behandeln will. Und von den Zöglingen des griechischen Collegiums in Rom, das zwar, wie Pichler will (S. 539), „seine Bestimmung nicht erreichte" und dennoch Bedeutendes geleistet hat, sowie von den übrigen Griechen, welche sich zur Union bekannten, haben Matthäus Karyophilus, P. Arcudius, vor Allen der die meisten Zeitgenossen an Gelehrsamkeit überragende Leo Allatius, dann Nikol. Comnenus Papadopoli aus Creta (obschon bei Weitem hinter Allatius zurückstehend,[157] doch ihre schismatischen Landsleute weit überflügelt.

b) Ferner ist unseres Erachtens wohl zu berücksichtigen, daß Dr. Pichler eine große, ja gigantische Arbeit in einer, allem Anschein nach verhältnißmäßig sehr kurzen Zeit auszuführen unternommen hat. Im Jahre 1862 hatte er sein Vorhaben und seinen Plan angekündigt und schon 1864 liegt der erste, 35 Druckbogen umfassende Band vor, und das von einer Arbeit, die so umfassendes Material, so viele Studien erheischt, die selbst dem geübtesten Forscher so bedeutende Schwierigkeiten zeigt, daß eine Kritik, die nicht in die Lobeserhebungen, der für strebsame jüngere Talente allzeit am meisten gefährlichen Schmeichler einstimmen, sondern überall strenge

[155] Pachym. II. V. 24. Niceph. Greg. V. 2, 6.

[156] Raynald. a. 1284. n. 44 seq. Cuper. Acta SS. t. I. Aug. p. 167. Bgl. das Testament und die im Exil verfaßten Schriften des Beccus, Gr. Orth. L. 376 seq. II. p. 1 seq. 11 seq. Das Verzeichniß der scriptores pro Latinis vor dem Traktat des Theophanes Prokopowicz (Gotha 1772) hat: nec ad finem usque vitae causam Latinorum deserere voluit.

[157] Derselbe, Professor des kanonischen Rechts in Padua und Abt von St. Zenobio, ist zwar in vielen Angaben nicht zuverlässig, hat aber doch vielfaches Lob gefunden. Vgl. Le Quien Panopl. p. XXV. seq.

und gewissenhaft verfahren will, auch bei einem begabten Anfänger im theo-
logischen Lehramte leicht Bieles zu tadeln und zu bestreiten findet. Macht
das auf der einen Seite der wissenschaftlichen Strebsamkeit des Autors alle
Ehre, der kühe sofort nach großen Leistungen rang, so konnte die Kürze
der Zeit allerdings nur auf Kosten der Gründlichkeit, die Durchführung des
Plänes ermöglichen. ...

Jn der That zeigt das Werk an nicht weniger Stellen das Gepräge
einer allzu raschen und flüchtigen Arbeit. So lesen wir S. 195: „Bonis
zog der Bischof Formosus auf seine Seite, welchen der Papst, sobald er
dieß bemerkte, zurückrief und excommunicirte." Das scheint doch zu sagen,
derselbe Papst, der den Formosus zurückrief, habe ihn auch excommunicirt,
und zwischen dieser Zurückberufung und der Excommunication sei nur kurze
Zeit in der Mitte. Aber Formosus kehrte 869 unter Hadrian II. zurück,[158]
und bekleidete unter dessen Nachfolger Johann VIII. noch ansehnliche Ge-
sandtschaftsposten, wie 873 bei dem deutschen König Ludwig, 875 bei Karl
dem Kahlen,[159] bevor er (876) mit dem Banne belegt ward. Auf S. 172.
173 lesen wir, daß 915 der Herzog von Benevent und Capua mit dem
Papste Johann X. an Leo den Weisen sich wandte, aber Leo der Weise war
schon am 11. Mai 912[159] gestorben und Johann X. war bei seinen Leb-
zeiten noch nicht Papst. S. 101. Note 3 heißt es: „Daß Kaiser Theophilus, wie vor ihm schon Mauritius und Trajan, aus der Hölle befreit
worden sei, erzählen Nicephorus, Jonaras, Constantin Manassias. Gen-
nadius und die Griechischen Kirchenbücher, sogar Johannes Damascenus hielt dies für möglich." Die Construction ist insoferne eine unglück-
liche, als nach dem Wortlaute dieser Zeugen für die Befreiung des Theophilus aus der Hölle oder doch für deren Möglichkeit angeführt werden,
nicht etwa für die zwei früheren Beispiele, während Nicephorus und Johannes Damascenus bereits vor Theophilus das Zeitliche gesegnet hatten. Eine
Nachlässigkeit ist es wohl auch, wenn S. 229. §. 9, wo von denen die Rede
ist, die im 11. und 12. Jahrhundert den Satz aussprachen, daß die
zwei Schwerter nicht in Einer Person vereinigt sein dürften, der Philo-
soph Rosmini (der dem 19. Jahrhundert angehört) und Arnold von
Brescia, „welche den damals unentbehrlichen zeitlichen Besitz des Clerus
überhaupt verwarfen," beispielsweise angeführt werden. Seite 115.
Note 1—3. S. 116. Note 1. 2 wird Pseudo-Ambrosius als Ambrosius

158) Jaffé Reg. p. 257.
159) Baron. a. 878 n. 3; a. 875 n. ...
...160) Sie richtig Krug in den Forschungen. Zur russ. Geschichte, während man sonst
unrichtig 911 annahm.

angeführt. Ungenaue Citate finden sich auch sonst, z. B. S. 61 N. 4, wo Chrys. hom. 15 zu lesen ist (muß heißen: in II. Cor.), ebenso Nachläßigkeiten im Styl, wie z. B. die doppelte Negation, wie sie in Volksdialekten vorkommt, z. B. S. 93 § 92: Er erbo t dem Patriarchen, Niemand en etwas davon zu sagen u. dgl. m.

So wurde denn, abgesehen von einzelnen Nachläßigkeiten der Ausführung, auch Manches ohne genauere Prüfung adoptirt, was wohl bei eingehender Untersuchung keine Zustimmung gefunden hätte. In nicht wenigen Angaben hätte dann der Autor sich minder zuversichtlich dem Pachymeres, sowie dem Sylvester Syropulus angeschlossen; von letzterem hat Allatius in einem leider unvollendet gebliebenen Werke [161] manche Data berichtigt. Bei ausreichender Würdigung der Aktenlage wären auch manche Urtheile umgestaltet worden. Den Brief, den Papst Johann VIII. an Photius geschrieben haben soll und worin die Bekenner des Filioque mit dem Verrather Judas placirt werden, [162] haben fast alle katholische Gelehrte, namentlich Baronin's, Le Quien, Assemani, Maï, Jager für unächt erklärt; desgleichen Hefele, der mit Recht schreibt: „Ich kann unmöglich glauben, daß je ein Papst seine Stellung so sehr vergessen habe, wie es Johann VIII. gethan haben müßte, wenn dieser Brief ächt wäre." [163] Dr. Pichler erklärt ihn (S. 200. N. S. 326. N. 1) mit wenigen Vorgängern, wie z. B. Fleury, [164] für ächt. Ich halte diesen Brief, den ich, in einer beträchtlichen Anzahl von griechischen Handschriften selber nachgeschlagen, aus äußeren und inneren Gründen, die von Pichlers Bemerkungen nicht entkräftet werden, ganz entschieden für unächt [165] und hoffe in einer Monographie über Photius das vollständig zu beweisen.

Diese unsere kritischen Excurse über Pichlers Arbeit mögen hiermit für jetzt geschlossen sein. So Vieles wir auch an seiner Arbeit auf das schärfste anzugreifen, so vielfach wir von seinen Ansichten abzuweichen uns veranlaßt sahen, seine Begabung und seinen Fleiß werden wir nicht verkennen. Was wir wollten, war nicht einfach gegentheilige Urtheile zu behaupten, sondern auch zu beweisen, und wir könnten es nur bedauern, daß die Punkte des Dissenses zahlreicher sind als wir erwartet hatten. Sollte in irgend einem Stücke uns ein Irrthum nachgewiesen werden, so sind wir

---

[161] Allat. Exercit. c. Rob. Creyghton. Romae 1674, vol. I.

[162] Mansi Conc. XVII. 239. Jaffé Reg. n. 2597.

[163] Hefele Conc. IV. S. 465.

[164] Fleury L. 53 n. 54 t. XI. p. 493—495 ed. Paris 1720.

[165] So auch neuestens der Belgier A. B. van der Moeren, De processione Spiritus sancti Lovanii 1864. p. 5. 204 seq.

gerne zur Retraktation bereit; unsere Absicht ging dahin, denjenigen Ansichten entgegenzutreten, die unserer vollen Ueberzeugung nach unrichtig sind. Auch seine besten Freunde werden dem Autor rathen müssen, in Zukunft bedächtiger und langsamer zu Werk zu gehen und seine nicht zu bestreitenden Gaben in einer für ihn, für sein Vaterland, für die Kirche ersprießlicheren und würdigeren Weise zu gebrauchen. Ad fastigium gloriae eruditi haud per saltus ascendunt, sed per arduos gressus. Wenn er mit gereifterem Urtheil und gediegeneren Studien nach einigen Jahren das schwierige Problem, das er sich vorgestedt, secundis curis zu behandeln unternimmt, dann wird er immerhin etwas Bedeutendes zu leisten und nicht nur die ungünstigen Eindrücke der ersteren, zu rasch der Oeffentlichkeit übergebenen Arbeit zu verwischen, sondern auch wahren und bleibenden Ruhm seiner Forschung zu sichern vermögen.

An meine Kritiker.

— ·—··•·—·· —

Beleuchtung

erschiedener Angriffe auf meine Geschichte

der

Griechischen Kirchentrennung,

insbesondere

on Prof. Hergenröther, Prof. Mittermüller
und im Münchener Pastoralblatt.

Dr. A. Pichler,

Privatdocent der Theologie an der Universität München.

— · — · —

München.

M. Rieger'sche Universitäts-Buchhandlung.

1865.